LE SOCIALISME
UTOPIQUE

DU MÊME AUTEUR

A LA MÊME LIBRAIRIE

Le Socialisme au XVIIIᵉ Siècle, 1 volume in-8º . . . . 7 fr. 50

Le Socialisme et la Révolution Française (*En préparation*).

LE SOCIALISME UTOPIQUE

ÉTUDES SUR QUELQUES PRÉCURSEURS
INCONNUS DU SOCIALISME

PAR

ANDRÉ LICHTENBERGER

Docteur ès lettres

PARIS

ANCIENNE LIBRAIRIE GERMER BAILLIÈRE ET Cie

FÉLIX ALCAN, ÉDITEUR

108, BOULEVARD SAINT-GERMAIN, 108

1898

FÉLIX ALCAN, ÉDITEUR

SCIENCE SOCIALE

ANDLER (Ch.). — **Les Origines du socialisme d'Etat en Allemagne.** 1 vol. in-8 . . . . 7 fr.

BERTAULT. — **L'Ordre social et l'Ordre moral.** 1 vol. in-18. . . . . 2 fr. 50

— **De la Philosophie sociale.** 1 vol. in-18. . . 2 fr. 50

BOUGLÉ. — **Les Sciences sociales en Allemagne,** *Les Méthodes actuelles.* 1 vol. in-18 . . . . 2 fr. 50

BRIDEL (Louis). — **Le Droit des femmes et le Mariage.** 1 vol. in-18 . . . . 2 fr. 50

COSTE (Adolphe). — **Les Conditions sociales du bonheur et de la force.** 3ᵉ éd., 1 vol. in-12 . . . . . 2 fr. 50

DEPASSE (H.). — **Transformation sociale.** 1 vol. in-12. 3 f. 50

— **Du Travail et de ses conditions.** 1 vol. in-12. 3 fr. 50

DURKHEIM. — **De la Division du travail social.** 1 vol. in-8 . . . . 7 fr. 50

— **L'Année sociologique.** (1896-1897) 1ʳᵉ année, 1 vol. in-8 . . . . 10 fr.

— **Les Règles de la méthode sociologique.** 1 vol. in-18. 2 f. 50

EICHTHAL (Eug.). — **Souveraineté du peuple et gouvernement.** 1 vol. in-12 . . . . 3 fr. 50

sion. Criminel par passion. 2e édition française traduite sur la 5e édition italienne, refondue. 2 vol. in-8 accompagnés d'un atlas de 64 planches. . . . . 36 fr.

LOMBROSO et FERRERO. — **La Femme criminelle et la prostituée.** 1 vol. in-8 avec planches hors texte.   15 fr.

LOMBROSO et LASCHI. — **Le Crime politique et les Révolutions.** 2 vol. in-8. . . . . 15 fr.

MARION. — **De la Solidarité morale.** 4e édit., 1 vol. in-8. . . . . 5 fr.

MAUS. — **De la Justice pénale.** Etude philosophique sur le droit de punir. 1 vol. in-18. . . . .   2 fr. 50

METIN (A). — **Le Socialisme en Angleterre.** 1 vol. in-12. . . . .   3 fr. 50

NORDAU (Max). — **Paradoxes sociologiques,** traduit de l'allemand par AUG. DIETRICH. 1 vol. in-18. .   2 fr. 50

— **Les Mensonges conventionnels de notre civilisation,** traduit de l'allemand par AUG. DIETRICH. 1 vol. in-8. 5 fr.

NOVICOW (J.). — **Les Luttes entre sociétés humaines et leurs phases successives.** 1 vol. in-8 . . . . . .   10 fr.

— **Les Gaspillages des sociétés modernes,** contribution à l'étude de la question sociale. 1 vol. in-8. . . . .   5 fr.

PIOGER (Julien). — **La Vie sociale, la Morale et le Progrès,** essai de conception expérimentale. 1 vol. in-8 . . . .   5 fr.

RICHARD. — **Le Socialisme et la Science sociale.** 1 vol. in-18. . . . .   2 fr. 50

SPENCER (Herbert). — **Principes de sociologie,** traduit par MM. CAZELLES et GERSCHELL. 4 vol. in-8.   36 fr. 25

On vend séparément :

Tome I, traduit par M. CAZELLES. 6e éd., 1 vol. in-8 10 fr.

Tome II, traduit par MM. CAZELLES et GERSCHELL 1891.

1 vol. in-8 . . . . 7 fr. 50
Tome III, traduit par M. Cazelles. 1891. 1 vol. in-8. 15 fr.
Tome IV, traduit par M. Cazelles. 1 vol. in-8. 3 fr. 75
— **Essais politiques**, traduit par M. A. Burdeau. 1 volume
in-8 . . . . 7 fr. 50
— **Essais sur le progrès**, traduit par M. A. Burdeau. 5ᵉ éd.,
1 vol. in-8 . . . . 7 fr. 50
— **L'Individu contre l'Etat**, traduit par M. J. Gerschell.
1894. 1 vol. in-18 . . . . 2 fr. 50
STUART MILL. — **L'Utilitarisme**. 2ᵉ édit., 1 vol.
in-18 . . . . 2 fr. 50
TARDE (G.). — **Les Transformations du droit**. 2ᵉ édition,
1 vol. in-18 . . . . 2 fr. 50
— **Les Lois de l'imitation**, étude sociologique, 2ᵉ édit.,
1 vol. in-18 . . . . 7 fr. 50
— **La Logique sociale**. 1 vol. in-8. . . . . 7 fr. 50
— **Les Lois sociales**. 1 vol. in-12 . . . . 2 fr. 50
ZIEGLER. — **La Question sociale est une question morale**.
2ᵉ édit., 1895. 1 vol. in-18 . . . . 2 fr. 50

INTRODUCTION

———

Ce volume se compose de dix articles : les uns sont inédits ; les autres, en majorité, ont paru au cours de ces dernières années dans différentes revues : *Revue historique, Révolution française, Revue générale internationale, Revue pour les jeunes filles.* Je n'ai fait qu'y ajouter un petit nombre de notes et de corrections. Quelques-uns de mes héros ont d'ailleurs déjà été cités brièvement dans mon ouvrage sur le *Socialisme au* XVIIIe *siècle* ou le seront dans celui que je prépare sur le *Socialisme et la Révolution française.* Ils ont tous vécu dans la période qui s'étend entre la fin du XVIIe siècle et les dernières années du xviiie, et ils offrent ce trait commun d'être à des titres divers des précurseurs du socialisme. Jusqu'au moment où je me suis occupé d'eux, ils étaient complètement inconnus ou l'étaient au moins en tant que socialistes. Il me semble que chacun d'eux offre à l'histoire quelques traits intéressants.

Mrs Afra Behn, à peu près ignorée en France, a eu son heure de célébrité en Angleterre ; c'est elle qui, la première, présenta dans le monde littéraire ce type du « bon sauvage » destiné à une si étonnante fortune. Presque en même temps qu'elle, un demi-siècle avant Rousseau et le règne de la sensibilité, *Gueudeville* mettait dans la bouche des Hurons, vrais « hommes de la nature », des diatribes violentes contre la société. *Tiphaigne de la Roche* est un type assez curieux du romancier à thèse au xviiie siècle. L'exemple de *Beaurieu* nous montre jusqu'à quel point l'influence de Rousseau put oblitérer le jugement d'un très honnête homme de sens moyen. Esprit très supérieur, moins chimérique, plus scientifique et très moderne, malgré la bizarrerie de quelques-uns de ses paradoxes, *Linguet*, dans la seconde moitié du XVIIIe siècle, se livra à une critique singulièrement âpre de la condition créée aux travailleurs dans la société moderne. Deux utopistes paisibles et doux, *Gosselin et Chappuis*, pensèrent, au moment où la France dût se régénérer, lui apporter le remède universel à tous les maux sociaux : le premier lui montra les moyens de se transformer en une république égalitaire ; le deuxième fut si ébloui de l'excellence de la communauté, qu'il rêvait qu'il en perdit la tête. *John Oswald*, médiateur entre le jacobinisme anglais et celui de Paris, rêva lui aussi pour l'avenir un état d'où l'inégalité serait absente. Contemporain des Babouvistes, l'auteur anonyme du *Plan de conciliation* prétendit indiquer des moyens pacifiques et doux pour arriver au communisme le plus parfait. Enfin *Caffarelli du Falga*, qu'auraient pu connaître Fourier et Saint-Simon, porta sur lui à travers ses campagnes un manuscrit où il démontrait les vices de la propriété. Il fut le dernier exemple du socialiste du xviii⁰ siècle : sensible, philosophe et moraliste.

Je ne prétends pas que les écrivains que je viens de citer aient eu du génie et qu'ils doivent figurer parmi l'élite des penseurs de leur temps. Mais ils ont leur importance historique, d'autant plus réelle qu'ils ne furent pas des cas absolument isolés et que, généralement, derrière chacun d'eux il se trouva quelques rêveurs encore plus dénués de talents, mais imbus d'idées analogues. Les idées, comme les peuples, traversent avant là période historique une période héroïque, légendaire, où elles sont en formation. Assurément le socialisme moderne a sa véritable origine dans les imperfections de l'état social créé par la grande industrie; et ce n'est que dans notre siècle, et même surtout dans sa seconde moitié, qu'il s'est constitué. Mais il y a longtemps qu'il a eu des précurseurs. Le xviii⁰ siècle en particulier lui en a fourni un grand nombre. Sans doute, ils ne se placent pas en général au même point de vue que nos contemporains. Leur socialisme est, si l'on peut

dire, moins « social » que sentimental et moral.
Il n'a rien d'un programme de réformes pratiques et ne pense point à l'action immédiate.
Il se plaît à esquisser des sociétés imaginaires
où il n'y aura ni malheureux ni méchants, puisqu'on aura supprimé la propriété qui les divise
et les rend mauvais. C'est un socialisme idéal
de rêveurs et de sentimentaux, un *socialisme
utopique*. Il ne faudrait pourtant pas lui dénier
toute portée pratique. Linguet fait maintes fois
pressentir Karl Marx ; et la Révolution française
vit se produire bien des théories et bien des
actes qui furent socialistes, consciemment ou
non. En croyant être dans l'utopie, nous
sommes souvent presque dans la réalité. Les
derniers de nos précurseurs du socialisme sont
les contemporains de la première école socialiste française. Les penseurs du xviiie siècle
ont en somme d'une part formulé un assez grand
nombre des critiques les plus générales et les
plus simples qu'allait reprendre le socialisme
moderne ; et ils ont d'autre part obéi aux
mêmes motifs humanitaires et sentimentaux qui

font une bonne partie de sa force. Ils ont donc leur place dans l'histoire des idées, et j'ai cru qu'il n'était pas inutile d'ajouter aux noms déjà remis en lumière du curé Meslier, de dom Deschamps, de Rétif de la Bretonne, de Boissel, etc., quelques noms nouveaux qui ont tous les droits de figurer à côté d'eux.

MISTRESS AFRA BEHN

LA PREMIÈRE « AUTHORESS » ET SON ROMAN
« OROONOKO »

Il y eut en Angleterre avant Mrs Afra Behn des femmes qui écrivirent. Au xvii° siècle on en citerait facilement qui la précédèrent et qui arrivèrent à la notoriété : les œuvres d'Anne Killigrew qui mourut en 1655, celles surtout de la belle Orinde (Catherine Philips) eurent des enthousiastes. Mrs Hutchinson décrivit en style puritain, mais d'une plume ferme et intéressante, la vie et les vertus incomparables de son mari, le colonel Hutchinson, un des juges de Charles Ier. Mais Mrs Afra Behn fut en Angleterre la première femme qui fit un métier d'écrire et gagna sa vie par sa plume, comme un homme. C'est donc à juste titre qu'on peut la regarder comme la première de ces femmes aux talents inégaux mais réels, qui furent assez nombreuses pour que, légitimement, la langue anglaise ait donné un féminin au mot « auteur ».

L'existence d'Afra Behn fut agitée, ses mérites littéraires sont réels : malheureusement la première est assez mal connue par défaut de documents ; les autres sont malaisés à faire apprécier pour des raisons différentes dont la principale est la licence de la plume de « l'authoress ». Essayons pourtant de donner quelque idée d'elle et de son œuvre.

Afra, Aphra, Aphara, ou Ayfara Johnson naquit à Wye le 10 juin 1640. Sa famille était d'origine modeste, puisque, d'après un de ses derniers biographes, son père n'était qu'un simple barbier. Mais sans doute il mourut de bonne heure, et l'un de ses parents, plus fortuné, prit soin d'elle et des siens. Ce parent « Sir-Johnson », comme l'appelle le traducteur français de Mrs Behn, fut nommé, sous le règne de Charles II, lieutenant général de Surinam, colonie hollandaise alors occupée par les Anglais. Il fit partir sa famille sur un vaisseau, et la suivit sur un autre. A cette époque la jeune Afra Johnson « écrivait déjà également bien en prose et en vers. Les charmes de sa personne égalaient ceux de son esprit, et son départ coûta des larmes à plus d'un amoureux épris de ses jeunes attraits ». Elle arriva à bon port, mais « Sirjohnson » mourut en route. Afra resta pourtant quelque temps au Bengale, et elle s'y lia d'une amitié romanesque avec le prince esclave Oroonoko qui, plus tard, fort enjolivé sans doute, fut le héros de son roman le plus célèbre.

Surinam fut rendue aux Hollandais et Afra revint en Angleterre en 1658. Peu après, elle épousa un marchand anglais, d'origine hollandaise, nommé Behn. Cet homme, on ne sait comment, avait ses entrées à la cour. Mrs Behn fut présentée à Charles II. Le monarque aimait l'esprit et la gaieté : la jeune femme lui plut par son entrain, sa jeunesse et sa beauté.

Elle l'intéressa en lui faisant la description de la colonie de Surinam, et celle du prince indien Oroonoko, dont il l'engagea à écrire l'histoire. Pendant quelques années elle eut une existence aisée et facile. Mais ces beaux jours durèrent peu ; dès l'année 1666, peut-être plus tôt, elle était veuve, et sa fortune était disparue avec son mari. Heureusement, elle avait l'oreille du roi, sa délicatesse n'était pas des plus raffinées, et son mariage lui avait créé des relations en Hollande : cela engagea le monarque, dit Laplace, « à la charger d'une négociation importante et relative à la guerre qu'il voulait déclarer aux Hollandais ». A parler sans fard, elle fut envoyée comme espion à Anvers avec mission de recueillir et d'expédier à Londres toutes les informations qu'elle pourrait. Vive et intelligente, elle sut vite se créer un cercle de soupirants qui, en même temps que leurs déclarations, apportaient à ses pieds les nouvelles du jour. Elle a laissé d'eux des descriptions pleines de verve : deux surtout sont connus : un vieux barbon qu'elle appelait Van Bruin et ridiculisait à plaisir, et un certain Van Aalbert qu'elle avait déjà connu à Londres, et qui lui fit une cour assidue. Ce fut par lui qu'elle fut avertie du plan de guerre de Ruyter et de Cornélius de Witt qui voulaient que la flotte hollandaise forçât l'entrée de la Tamise pour la remonter jusqu'à Londres. Elle dénonça ce projet à la cour; on ne fit que rire de ses informations que l'événement se chargea de justifier.

Dégoûtée de la diplomatie, elle ébaucha un second mariage avec ce Van Aalbert. Mais elle était prédestinée aux aventures. S'étant promis leur foi, les deux fiancés se séparèrent afin de gagner Londres par des voies différentes. Van Aalbert n'y arriva pas; il tomba malade à Amsterdam et y mourut; et Mrs Behn faillit ne pas être plus heureuse : son bateau fit naufrage en vue de Dunkerque : elle manqua de se noyer et ne put s'échapper qu'à grand'peine. Elle finit pourtant par regagner Londres. Mais sa situation était très précaire. Ruinée par la mort de son mari, elle n'arrivait pas à se faire payer par la cour les services qu'elle avait rendus en Hollande. C'est alors qu'elle se décida à tirer parti de son talent d'écrire pour gagner sa vie.

A partir de l'année 1670 jusqu'à sa mort, elle travailla avec une ardeur et une abondance que parmi ses contemporains Dryden seul égala ou dépassa. Ses premiers débuts furent difficiles. Elle tira d'une nouvelle de La Calprenède une tragédie en vers : aucun directeur de théâtre, aucun éditeur même en voulut. Peu à peu pourtant, elle se lia avec un grand nombre d'hommes de lettres ; Edward Ravenscroft écrivit plusieurs de ses épilogues, et Otway, qui débuta comme acteur dans une de ses pièces et n'y eut d'ailleurs aucun succès, fit plus tard pour elle un prologue. Après avoir frappé pendant longtemps en vain à bien des portes, elle finit par faire recevoir plusieurs de ses pièces. Quelques-unes eurent bientôt du succès. Le plus vif fut, en 1677, celui de sa comédie anonyme *The Rover* (*Le Rôdeur*). Sa pièce excita une grande curiosité et fut patronnée par le duc d'York lui-même. Sa période de prospérité dura jusqu'en 1682. Elle s'était liée d'amitié avec Dryden, Southerne, Gildon, Cotton, la fleur des écrivains du temps, et faisait bonne figure parmi eux. Sa plume, très féconde, donna le jour à des écrits de tous genres : poèmes, nouvelles, traductions, etc. Mais, en 1683, deux pièces qu'elle fit jouer échouèrent. Sa santé s'altérait. On publia en 1688 un volume de poésies en l'honneur du poète défunt Waller ; elle y était représentée par une très belle élégie, où elle se plaignait de ses malaises et des souffrances de tout genre qui lui faisaient pressentir la mort. Elle mourut le 16 avril 1689, probablement par la faute de son médecin. Elle fut ensevelie dans l'abbaye de Westminster, sous une table de marbre noir. On peut encore y lire son épitaphe ainsi conçue : *Mrs Apharra Behn mourut le 16 avril 1689. Ci-gît la preuve que l'esprit n'est pas une défense contre la mort ; grande poétesse, tes chants merveilleux soulèvent l'admiration du monde et les éloges des Muses. Hommage de Thomas Waine à un génie si bril-*

lant. Quelques-uns assurent que l'auteur de cette épitaphe était celui d'une grande partie de ses œuvres ; mais c'est là une calomnie.

Mrs Behn était, nous disent ses biographes, une femme gracieuse aux cheveux bruns, aux yeux brillants. C'est ainsi que nous la montre un portrait d'elle encore existant, peint par John Ripley. On vantait son caractère ouvert, généreux, serviable, oublieux des injures. Elle avait beaucoup d'esprit et d'animation ; sa conversation était aisée et brillante ; son humeur enjouée et agréable. Telle fut la femme. Voyons l'auteur.

II

Les contemporains de Mrs Behn eurent d'elle une haute opinion. Charles Cotton écrivit sur elle des vers enthousiastes. Dryden, qui fût un de ses collaborateurs dans une traduction anglaise des *Épîtres* d'Ovide, déclare qu'elle, qui ne savait pas le latin, devait faire honte à ceux qui le savaient. Charles Gildon, qui publia ses œuvres posthumes, fit d'elle les plus grands éloges. Avant 1745 il y avait eu neuf éditions de ses œuvres. Laplace, qui traduisit en français son *Oroonoko*, vanta sa plume « aussi célèbre en Angleterre que celle des Villedieu, des Scudéri et des Lussan l'est en France ». Plusieurs de ses tragédies furent reproduites en français dans le *Théâtre des femmes anglaises* qui parut en 1773. Mme d'Arconville traduisit quelques-unes de ses nouvelles. En Angleterre les éditions se multipliaient. Son *Rover* resta longtemps sur l'affiche avec quelques modifications. La dernière édition anglaise de ses œuvres date de 1871 ; elles parurent en 6 volumes in-8 sous le titre de *The plays, histories, and novels of the ingenious Mrs Behn.*

Toutefois, dès le début du xviiie siècle, sa réputation avait vite décliné. Pope a décoché à la belle Astréa (tel était son nom poétique) une épigramme cruelle; et, à mesure que les années se sont écoulées, les critiques se sont montrés plus sévères pour elle. Taine ne l'a mentionnée dans sa *Littérature anglaise* que d'un mot dur et méprisant. A vrai dire, Mrs Behn porte surtout la peine du temps où elle a vécu. S'il est un peu exagéré de faire d'elle « la George Sand de la restauration anglaise », on ne saurait dénier à ses pièces l'allure, l'esprit et la vivacité. Malheureusement, elle vécut à une époque où, pour avoir du succès, l'indécence et la grossièreté étaient de rigueur ; or Mrs Behn a eu de grands succès et a tout fait pour les mériter ; ce n'est peut-être pas très légitimement qu'à ceux qui blâmèrent son indécence elle riposta par le reproche de pruderie. Il était bien difficile à une femme de conserver sa délicatesse en se faisant écrivain : Mrs Behn n'en eut cure ; elle écrivit comme un homme... de ce temps.

Ses pièces sont au nombre de dix-sept : presque toutes des comédies. Généralement elle en emprunta les sujets de tous côtés sans aucun scrupule. Des nouvelles italiennes ou espagnoles, des pièces de Marlowe et de Ben Jonson, les comédies de Molière furent exploitées par elle avec une grande liberté. Ce dernier fut pillé effrontément par le théâtre anglais de l'époque, qui dédaignait Shakespeare et tâchait de prendre ses modèles en France. Shadwell imita ses *Précieuses ridicules* ; Congreve et Wycherley, le *Misanthrope* ; Th. Betterton, *Georges Dandin* ; Otway, les *Fourberies de Scapin* ; Ravenscroft le *Bourgeois gentilhomme* qu'il appela le *Mamamouchi*. On peut avoir une idée de la valeur de ces imitations en voyant ce qu'Alceste est devenu dans le *Plain Dealer* de Wycherley. Mrs Behn, sous le titre de *Sir Patient Fancy*, estropia le *Malade imaginaire* ; comme on lui fit un reproche de son sans-gêne, elle s'en justifia fort lestement dans la préface qu'elle mit en tête de la première édition de sa pièce. Il semble d'ailleurs que ce fut plutôt à cause de la nécessité de produire vite et beaucoup que par indigence d'esprit qu'elle exploita le bien d'autrui : car ses comédies les plus originales sont loin d'être les pires. Quoi qu'il en soit, c'est à juste titre que son nom est à peu près oublié dans l'histoire dramatique : Wycherley, Farquhar, Otway, Vanbrugh, Congreve représentent mieux qu'elle le théâtre du temps dans ce qu'il a de meilleur ou de moins mauvais : c'était une époque de réaction furieuse contre l'austérité puritaine qui avait fait la première révolution d'Angleterre et contre les vieilles traditions du théâtre anglais ; et l'on se précipitait avec grossièreté et rudesse, sans finesse d'analyse ni grâce comique, dans l'imitation du théâtre français et l'observation des règles d'Aristote. Il fallait plaire à la cour débauchée de Charles II, au goût à la fois corrompu et brutal de ses courtisans : Mrs Behn, je le répète, n'épargna rien pour lutter de grossièreté avec ses contemporains ; et parfois elle remporte la palme.

C'est pourtant dans son théâtre qu'il y a peut-être le plus de qualités littéraires. Ses poèmes, sans être entièrement dénués de mérite, lui sont plutôt inférieurs. La plupart, joints à des œuvres de Rochester, d'Etherege, et de quelques autres, furent réunis en trois volumes qui parurent en 1684, 1685 et 1688. Le plus long est une laborieuse allégorie intitulée *Voyage à l'île d'Amour*. *Le jeune roi* a quelque grâce. Un grand nombre sont des morceaux de circonstance destinés à fêter ou à déplorer quelque grand événement, naissance ou mort princière. On peut croire que le désir d'en tirer bénéfice n'était pas étranger à leur confection.

Mrs Behn fit aussi des traductions. On a vu l'éloge que fit Dryden de sa paraphrase d'une épître d'Ovide. Elle traduisit du français, qu'au moins elle savait, l'*Histoire des Oracles* et le *Traité de la pluralité des mondes*, qu'elle fit précéder d'un *Essai sur la traduction* : son ignorance scientifique apparaît malheureusement dans ces travaux qui ne sont pas sans mérite.

En prose, ses *Lettres à Lycidas* eurent quelques succès ; et on lui a également attribué les *Lettres d'un gentilhomme et de sa sœur* qui en eurent beaucoup. Ses *Histoires et Nouvelles* furent réunies après sa mort en 1698 en deux volumes : la plupart sont des imitations ou des traductions d'œuvres déjà connues, et n'ont rien qui attire l'attention. C'est cependant l'une d'elles, la seule originale à vrai dire, qui constitue, à mon avis, la véritable importance de Mrs Behn dans l'histoire de la littérature. Auteur dramatique passable, poète médiocre, prosateur assez faible, elle pourrait sans grand inconvénient être passée sous silence. Mais elle a écrit *Oroonoko* : à ce titre son souvenir doit être rappelé ; non point parce que cette nouvelle fournit à Southerne le sujet d'une tragédie qui eut du succès, mais parce qu'elle fut la première d'un genre tout nouveau qui s'épanouit au xviii⁰ siècle : je veux dire la littérature du « bon sauvage ».

III

Depuis le xvi⁰ siècle un grand nombre de penseurs avaient entrepris d'étudier la nature humaine en elle-même, indépendamment de ce que les traditions de la théologie et de la scolastique apprenaient sur elle. Il s'agissait de découvrir les tendances innées, les véritables sentiments primitifs de l'homme, afin de répondre à cette question d'une importance capitale : l'homme est-il ou non naturellement bon et sociable ? De la réponse dépendaient la solution de graves problèmes politiques et moraux : si L'homme est naturellement bon, les sociétés actuelles sont très coupables, qui souvent l'ont rendu méchant et malheureux ; s'il est naturellement mauvais, les gouvernements oppressifs sont les meilleurs pour réprimer ses farouches instincts. Au milieu du xvii° siècle, Hobbes s'était appliqué dans tous ses ouvrages à démontrer l'insociabilité et la férocité naturelle de l'homme et s'était fait ainsi l'apologiste des gouvernements despotiques. Un grand nombre d'écrivains protestèrent contre ces théories, en partie parce qu'elles leur semblaient erronées, et surtout parce qu'elles encourageaient à l'absolutisme les Stuart que la première révolution d'Angleterre avait insuffisamment instruits. Cumberland entre autres soutint, en 1672, dans son *Traité des lois de la nature*, que la bienveillance était naturelle à l'homme et que cette tendance était le fondement premier de la société. Sa doctrine, développée sans ordre, ni plan, ni méthode, trouva son succès dans la tendance générale des esprits à adopter les idées les plus favorables à la liberté politique.

Toutefois, le doute demeurait permis : Grotius et Cumberland raisonnaient d'une manière, Hobbes d'une autre ; entre ces grands esprits divisés, où trouver la vérité ? Il y a quelque chose de plus probant qu'une théorie, c'est un fait : le jour où l'on aurait vu un homme naturel, la controverse se trouverait tranchée ; on saurait si, oui ou non, il est bon ou méchant. Malheureusement, il était difficile de trouver un homme absolument naturel. Les romanciers se mirent à inventer des peuplades singulières où les hommes se développant selon les lois de la nature arrivaient à former des sociétés tout à fait édifiantes ; un roman français, qui parut en 1677, la *République des Sévarambes*, eut un prodigieux succès et fut traduit en plusieurs langues. D'autres utopies du même genre se succédèrent. Malheureusement ces témoignages restaient sujets à caution : il était facile de soutenir que toutes ces peuplades étaient forgées à plaisir et qu'on ne pouvait faire nul fondement de ce qu'on racontait d'elles. Une seule déposition serait valable : ce serait celle d'un voyageur véritable qui décrirait, non des Sévarambes imaginaires, mais des hommes se rapprochant réellement de l'homme naturel, des hommes qui se seraient développés librement en dehors de nos civilisations, selon les simples lois de la nature ; bref, des sauvages. A ma connaissance, Mrs Behn fut la première à faire cette déposition ; dans tous les cas la sienne fut la première qui eut de l'éclat et frappa l'esprit de ses contemporains ; et certes Charles II, s'amusant aux récits indiens de la jeune femme, ne se doutait guère du coup qu'*Oroonoko* allait porter aux vieilles traditions, ni de la prodigieuse lignée qui en descendrait directement ou indirectement (1).

(1) Les extraits que je donne de ce roman sont empruntés à la traduction française qu'en publia Laplace en 1745 sous le titre : *Oronoko ou le Royal Esclave*. Elle est quelque peu arrangée,

Mrs Behn avait été à Surinam. Ce sont donc de vrais sauvages qu'elle prétend nous décrire; et quels sauvages ! « Cette nation, dit-elle, me représentait exactement le premier état d'innocence avant que l'homme apprit à pécher; d'où j'ai conclu que la simple nature est le moins dangereux de tous les guides et que, si nous observions seulement ce qu'elle permet, ses inspirations toutes simples nous instruiraient beaucoup mieux que tous les préceptes d'invention humaine. La religion même dans ce pays-là ne servirait qu'à en bannir l'heureuse tranquillité qu'on y doit à l'ignorance; et l'établissement des lois leur apprendrait plutôt à connaître le mal dont ils n'ont encore aucune notion qu'elle ne leur servirait à l'éviter, s'ils en avaient acquis la science. » Voilà de graves paroles qui devaient avoir au siècle suivant un écho retentissant.

Parmi ces hommes admirables, Oroonoko,

---

mais, outre l'avantage du pittoresque, elle a celui de nous faire connaître l'œuvre de Mrs Behn sous la forme où elle eut le plus grand succès et la plus grande influence.

petit-fils du vieux roi de Coramantien, brille d'une vertu particulière. « Il était si avantageusement partagé des dons de la nature tant pour le corps que pour l'esprit, que sa vue inspirait à la fois l'estime et le respect dans le cœur même de ceux qui ne le connaissaient pas. » Il avait « cette noble générosité et ce caractère liant qui distinguent toujours les gens bien nés... Il résultait de l'assemblage des traits de son visage quelque chose de si noble et de si parfait, qu'à la couleur près, rien dans la nature n'était plus beau ni plus séduisant. »

Oroonoko tombe amoureux d'Imoinda, dont la perfection n'est pas moindre, et bientôt « il eut la joie de voir Imoinda touchée de ses soupirs et y répondre par ces expressions tendres et naïves et que le cœur seul sait dicter. » La barbarie du vieux roi les sépare. Imoinda est vendue comme esclave. Oroonoko se désespère et se dit : « L'éclat du sang n'influe pas toujours sur les qualités du cœur. » Un capitaine espagnol le fait prisonnier par trahison. Oroonoko le flétrit « d'un souris amer et dédaigneux ».

Le capitaine le vend comme esclave malgré sa promesse. Oroonoko lui dit : « Ce que je vais souffrir est peu de chose en comparaison des lumières que j'acquiers par rapport au fonds que l'on doit faire et sur vous et sur le Dieu au nom duquel vous avez juré. »

Dans son esclavage, Oroonoko rencontre soudain Imoinda également esclave : « Toutes les facultés de son âme passèrent à l'instant dans son cœur et dans ses yeux et laissèrent le reste de son corps inanimé. » Ils s'épousent, et c'est alors que Mrs Behn fait la connaissance de ce couple édifiant. Elle lit l'histoire romaine à Oroonoko, qui s'y intéresse ; mais il refuse de se convertir au christianisme, comme il convient à un esprit fort.

Les vertus d'Oroonoko lui assurent l'estime générale ; mais les persécutions d'un méchant Anglais nommé Byam retardent sa mise en liberté que veut lui accorder son maître le bon Anglais Trestry. Alors Oroonoko excite ses compagnons à la liberté en leur rappelant que « l'honneur est le premier précepte de la nature auquel l'homme est obligé d'obéir ». Mais bientôt il est abandonné par eux et flétrit ces hommes « sans sentiments, sans mœurs et sans courage, dignes enfin de servir de pareils maîtres ». Il veut se tuer avec Imoinda : mais un heureux concours de circonstances, la bonté du gouverneur anglais, et la vertu de Jamoan, un autre bon sauvage, finissent par ménager au noble couple un heureux retour au royaume de Coramantien, d'où ils envoient à leurs amis des présents « dignes de la générosité d'un grand roi ».

Telle est l'esquisse rapide de ce roman dont le caractère d'Oroonoko est le sujet principal. Ce caractère n'est pas ambigu : le sauvage Oroonoko et après lui Imoinda et Jamoan sont doués des plus nobles vertus et ignorent la plupart des vices ; conclusion : la nature est le meilleur des maîtres, et l'homme de la nature le meilleur des hommes.

La leçon que donna Mrs Behn ne fut pas perdue. Elle eut des imitateurs en Angleterre. Mais en France la postérité d'Oroonoko fut innombrable. Pendant tout le siècle, depuis le Huron de Gueudeville jusqu'au Tartare de l'abbé André, en passant par le Persan de Montesquieu et les Chinois des physiocrates, ce fut un défilé ininterrompu de sauvages de toute espèce : Siamois, Illinois, Péruviens, Iroquois, Turcs, Taïtiens, etc., qui vinrent étaler leurs simples vertus et déclamer contre nos vices corrompus. Les voyageurs sont si hypnotisés par cette idée croissante de la bonté du sauvage, qu'ils y voient trouble eux-mêmes : les pères jésuites s'attendrissent devant la douceur, la simplicité d'âme, la sensibilité des Indiens qu'ils veulent convertir, et Bougainville voit dans Taïti un nouvel Eden. C'est une danse triomphale du bon sauvage à travers la philosophie, le roman, le théâtre, l'économie politique ; partout il fait couler des larmes et l'encre de tous les hommes « sensibles ».

Et les conséquences de cet engouement sont graves : puisque l'homme de la nature est si parfait, à quoi bon nos lois ? Puisqu'il est si heureux, à quoi bon notre civilisation ? Une foule d'esprits, Rousseau en tête, prennent en haine nos sociétés modernes et devancent les socialistes d'aujourd'hui dans leurs attaques violentes contre la propriété et l'inégalité des biens que l'heureux sauvage ignore dans ses forêts.

La Révolution française fut suivie d'une réaction contre ces doctrines : on devint plus sceptique sur la véritable nature de l'homme abandonné à lui-même. Il n'empêche que, dans notre siècle, l'optimisme naïf des partisans du bon sauvage est encore au fond des âmes de certains théoriciens. Puisque l'homme est bon, cessons de l'entraver par des règles étroites, des institutions oppressives, des gouvernements écrasants : à bas tous ces liens et crions : « Vive l'anarchie ! » Un anarchiste convaincu et radical, qui n'est pas un fou furieux, doit croire, s'il est logique avec lui-même, à la bonté naturelle de l'homme et à la vertu du sauvage : et il doit revendiquer Mrs Behn pour son aïeule.

Si la première « authoress » fut un médiocre prosateur et un poète de mince mérite, son œuvre ne fut donc pas sans portée. Certes, il serait exagéré de vouloir sérieusement faire d'elle la mère de Rousseau et la grand'mère de l'anarchie : il n'en est pas moins assuré que ce fut elle qui la première orienta bruyamment la littérature dans une voie nouvelle qui n'a pas encore cessé d'être parcourue. A ce titre, elle mérite au moins un souvenir.

II

NICOLAS GUEUDEVILLE

UN PRÉCURSEUR DE JEAN-JACQUES ROUSSEAU

L'étude des grands écrivains nous fait voir très fréquemment que les idées qu'ils développent leur appartiennent moins par le fond même que par la forme qu'ils ont su leur donner. Souvent ils ne font que préciser, coordonner et exposer avec la force du talent des tendances vagues, des sentiments timides, des essais obscurs de théorie que l'on trouve dispersés dans les écrits antérieurs d'auteurs aujourd'hui oubliés. Le fait est constant et d'ailleurs naturel. Tel est le cas de Jean-Jacques Rousseau.

Beaucoup d'écrivains avant lui ont attaqué la propriété et ses conséquences, beaucoup ont rêvé l'état de nature, beaucoup ont cru à la bonté originelle de l'homme. Il a fait siennes ces théories par l'éclat qu'il leur a donné, mais il est permis de rechercher ses précurseurs. On lui en a reconnu de toute sorte dans la première moitié du xviiie siècle : sans parler de Mrs Afra Behn, les récits des voyageurs, ceux des missionnaires jésuites, certaines boutades des écrivains satiriques et des constructeurs d'utopies opposent déjà avec quelque vivacité l'état de bonheur et d'innocence de l'homme de la nature, du sauvage, à la corruption et à l'injustice de nos sociétés civilisées. Parmi ces précurseurs du socialisme de Rousseau, il en est un, oublié aujourd'hui, qui mérite au moins d'être rappelé : par sa date, par sa netteté et par sa vigueur, l'œuvre de Nicolas Gueudeville est d'une réelle originalité.

Né à Rouen vers le milieu du xviie siècle, Gueudeville fut d'abord bénédictin ; puis il s'échappa de son couvent et se réfugia en Hollande, où il se fit calviniste. Il écrivit des journaux satiriques et des essais, dont l'un, une critique du *Télémaque*, eut assez de succès, et édita, en y intercalant souvent ses idées, un assez grand nombre d'ouvrages. Il publia entre autres, en 1715, une traduction libre de l'*Utopie* de Morus qui, dit-il, a discerné les véritables causes du malheur des hommes. « La propriété, l'avarice, l'ambition, ces trois pestes de la société civile, ces trois monstres qui ravagent le genre humain ne se trouvent pas en Utopie. » Si, dit-il, « par un bonheur que je n'oserais espérer et que sûrement je n'espérerai jamais, le genre humain se convertissait à l'évangile d'Utopie, il n'y aurait pas sur la Boule, sur le globe terrestre, un seul malheureux en fortune ; » il ne resterait de disgraciés que ceux que la nature a faits tels. Mais, hélas ! « il faut reconnaître que l'Utopie n'est nullement dans l'état des choses et que le meilleur des États n'a jamais subsisté que dans la belle et féconde imagination de son auteur. » Cela n'empêcha pas Gueudeville d'orner sa traduction d'ornements de sa façon qui ne faisaient d'ailleurs que répéter en partie les dissertations de ses dialogues dont il va être question ici.

Les *Dialogues ou Entretiens entre un sauvage et le baron de La Hontan* parurent en 1704, deux ans après les *Voyages du baron de La Hontan dans l'Amérique septentrionale* (2 vol. in-12, La Haye, 1702), dont ils furent souvent regardés comme formant le troisième volume (1).

Leibnitz les croyait l'œuvre du baron de La Hontan lui-même ; et en effet on trouve dans les *Voyages* une tendance marquée à admirer les indigènes du Canada. L'auteur est plein de sympathie pour ces gens « n'ayant ni *tien* ni *mien*, ni supériorité, ni subordination, et vivant dans une espèce d'égalité conforme aux sentiments de la nature (2) ».

Toutefois, le langage des dialogues est autrement mordant et décidé que le récit du voyageur, et on y reconnaît facilement une autre main.

(1) Gueudeville donna plus tard une édition nouvelle des *Voyages* de La Hontan : Amsterdam, 1728, 2 vol. in-12, et il y joignit ses *Dialogues*, à la fin du deuxième volume, avec une pagination séparée. Les citations que je donne sont faites d'après cette édition plus complète.

(2) *Voyages*, t. II, p. 116.

Ce sont, comme le titre l'indique, des conversations supposées entre le baron de La Hontan
et un sauvage, un Huron, que l'auteur appelle
Adario. Ce sauvage, il nous le présente comme
un homme intelligent, qui a visité l'Europe et qui
parle de notre civilisation en connaissance de
cause. La Hontan est obligé de confesser : « Je
n'ai guère vu de gens au monde plus vifs et
plus pénétrants que tu l'es. » Toutes les sympathies de Gueudeville sont très visiblement pour
lui ; c'est lui qui est chargé de développer ses
idées. Les entretiens roulent sur la morale, la
religion, la politique, la sociologie. La Hontan
a la prétention de convaincre son interlocuteur,
mais c'est toujours lui qui finit par être mis en
défaut et qui est obligé de recourir à des échap-
patoires.

Indiquons quelques-unes des critiques du
sage Huron.

Adario, qui a vu l'Europe, en a rapporté une
triste impression. Il y règne tant de vices moraux et sociaux que la plupart des Européens,
se voyant en partie tels qu'ils sont, sont obli-

gés de renoncer à croire à leur religion dans
toutes ses parties, ou de se résigner à la dam-
nation. Il n'y a en Europe nulle liberté, nulle
amitié, nul repos, nulle paix. Vos lois, que vous
appelez « les choses justes et raisonnables »,
ne le sont pas, « puisque les riches s'en moquent
et qu'il n'y a que les malheureux qui les suivent. » En réalité, vous êtes esclaves d'un des-
pote et subordonnés à mille tyrans de toute
sorte : nobles, prêtres, etc. Votre justice est
défectueuse et inique ; votre prétendue civilisation ne satisfait que des aspirations malsaines.
Les raffinements que vous lui devez et que vous
vantez ne répondent qu'à des besoins artificiels ; car nous, les hommes de la nature, nous
n'en avons ni le désir ni l'idée. Chez vous, tout
est fait pour quelques riches, à côté desquels
souffrent des milliers de pauvres. L'intérêt fait
vos absurdes mariages, et la conduite de vos
femmes est cent fois pire que l'innocente
absence de pudeur de nos filles. Vous raillez
certains de nos usages que vous trouvez ridicules ; mais les contes de vos Jésuites valent

bien ceux de nos bonnes femmes, et la manière dont vous vous peignez et poudrez est bien aussi grotesque que nos tatouages.

En regard de tous vos vices, de tous vos privilèges, de tous vos soucis, « vivent les Hurons qui, sans lois, sans prisons et sans tortures, passent la vie dans la douceur et la tranquillité et jouissent d'un bonheur inconnu aux Français. Nous vivons simplement sous les lois de l'instinct et de la conduite innocente que la Nature nous a imprimés dès le berceau ». Comment cet état heureux, détruit chez vous, peut-il encore exister chez nous ? C'est que nous n'avons pas tous les vices moraux et toutes les conséquences matérielles qu'amène la funeste existence du tien et du mien.

Malgré leur pauvreté, les sauvages du Canada « sont plus riches que vous, à qui le tien et le mien font commettre toutes sortes de crimes ». Chez les Européens, il n'est rien « qui ne soit au-dessous de l'homme, et je regarde comme impossible que cela puisse être autrement, à moins que vous ne veuilliez vous réduire à

vivre sans le tien et le mien comme nous fai-
sons ». Une multitude de vices et de maux
sont nés chez vous de l'intérêt qui est devenu
votre seul mobile ; il a détruit « les qualités
qui doivent composer l'homme intérieurement,
comme sont la sagesse, la raison, l'équité, etc.,
et qui se trouvent chez les Hurons ». L'homme
chez vous cesse d'être raisonnable : « Ce que
vous appelez argent est le démon des démons,
le tyran des Français, la source des maux, la
perte des âmes et le sépulcre des vivants. »
Chez nous, quelqu'un manque-t-il du nécessaire, son voisin le lui donne, car tout est en
commun entre tous ; aussi « nous ne sommes
jamais ni riches ni pauvres, et c'est en cela
que notre bonheur est au-dessus de toutes vos
richesses ». Quant à vous, vous gémissez dans
une effroyable inégalité, cause d'une multitude
de souffrances ; votre pays est divisé de par les
lois et les mœurs en une infinité de castes dis-
tinctes, de professions parasites. Que ne faites-
vous disparaître tous ces abus en supprimant
le tien et le mien ? Alors vous seriez égaux

comme les Hurons ; au bout d'une génération, les oisifs n'existeraient plus, et tout le monde serait égal et heureux. Quand vos lois commenceront de diminuer les tributs qui écrasent les pauvres, pendant que les riches ne paient rien, « alors j'espérerai que peu à peu vous vous perfectionnerez, que l'égalité des biens pourra venir peu à peu, et qu'à la fin vous détesterez cet intérêt qui cause tous les maux qu'on voit en Europe. Ainsi, n'ayant ni tien ni mien, vous vivrez avec la même félicité que les Hurons ».

Que répond La Hontan à cette critique ? Il essaie de défendre la société et la propriété, mais visiblement il n'y réussit pas, et il lui échappe des aveux significatifs : « J'avoue, mon frère, que tu as raison, et je ne saurais me lasser à admirer l'innocence de tous les peuples sauvages. » Ou, plus loin : « Je conviens que la propriété des biens est la source d'une infinité des passions dont vous êtes exempts. »

Il m'a paru qu'il n'était pas sans intérêt de relever, un demi-siècle avant Rousseau, ces attaques contre la propriété et la société civi-

lisée et ce panégyrique de l'homme de la nature. Il est probable que Gueudeville n'avait
pas lu Mrs Behn, dont l'*Oroonoko* ne fut traduit que plus tard. Probablement son livre
même ne fut pas connu davantage de plusieurs
de ses contemporains qui développèrent des
idées analogues. Ce ne sont plus même les sauvages, ce sont les animaux que l'auteur du
*Voyage et Aventures de François Leguat et
de ses compagnons* (Amsterdam, 1708, 2 vol.
in-12) propose à notre admiration. La vue
d'oiseaux vertueux nommés solitaires l'enthou-
siasmait. « J'envoyais l'homme, dit-il, à l'école
des bêtes. Je louais mes solitaires de ce qu'ils
se mariaient jeunes... J'admirais le bonheur de
ces couples innocents et fidèles... Je disais que
si notre ambition et notre franchise étaient
réfrénées, si les hommes étaient ou avaient
toujours été aussi sages que le sont ces oiseaux,
pour tout dire, en un mot, on se marierait
comme se marient les oiseaux, sans attirail ni
cérémonies, sans contrats, sans testaments,
sans mien, sans tien, sans sujétion à aucunes

lois et sans nulle offense ; au soulagement de
la Nature et de la République ; car les lois
divines et humaines ne sont que des précautions contre nos désordres (1). » L'auteur de
l'*Histoire de l'île de Calejava*, celui des
Voyages et Aventures de Jacques Massé,
plusieurs autres encore faisaient leur partie
dans ce concert d'enthousiasme naissant pour
l'état de nature et l'homme primitif. Les idées
que devait soutenir Rousseau avaient donc
déjà des adeptes dans les toutes premières an-
nées du XVIIIe siècle ; il fallut attendre cinquante
ans pour que son génie en fît la fortune.

(1) *Voyages et Aventures de François Leguat*, t. I, p. 102-
103.

III

TIPHAÏGNE DE LA ROCHE

LE ROMAN UTOPIQUE AU XVIIIe SIÈCLE

Le roman fut naturellement au xviiie siècle
la forme littéraire qu'employèrent de préfé-
rence ceux qui rêvaient de rénover la société.
L'*Utopie* elle-même n'était-elle pas un roman ?
Sous le voile de la fiction, il était aisé de glisser
des critiques acérées et des vérités redoutables :
comment y aurait-il quelque délit à retracer
les mœurs d'une peuplade plus ou moins imaginaire ? Aussi quelques romans moraux et
sociaux célèbres eurent une innombrable postérité : l'*Utopie* de Morus elle-même, le *Télémaque* de Fénelon, le *Robinson Crusoë* de
Foë, le *Gulliver* de Swift, les *Lettres persanes*

de Montesquieu furent les prototypes d'une
littérature qui fut surabondante principalement
vers le milieu du xviiiᵉ siècle, avant que le
développement de la science économique vînt
contraindre les écrivains à donner à leurs
œuvres au moins une apparence scientifique.
Il y eut un nombre prodigieux de navigateurs
qui firent naufrage dans des iles extraordi-
naires, et des hordes de sauvages vertueux qui
furent scandalisés de nos mœurs. Analysant en
1765 un méchant roman, Grimm déclare que
cette manière « n'a été copiée, d'après Swift,
que par quatre, cinq ou six cents mauvais
auteurs ! » (1) La plupart de ces œuvres n'a-
bordent pas ce que nous appelons proprement
la question sociale. Elles s'en tiennent généralement à des critiques morales, politiques et
religieuses. Quelques-unes, toutefois, allaient
plus loin. Les théories en vogue sur l'état de
nature et l'égalité des hommes avaient mis à la
mode les diatribes contre la propriété ; vers le

_____

(1) *Correspondance de Grimm*, édit. Assézat-Tourneux,
t. VII, p. 186.

milieu du siècle, c'était presque devenu un lieu commun de déclamer contre elle. Comme Collé louait à la femme de Piron la probité de Pelletier : « Quoi ! dit-elle, un homme qui a de l'esprit comme vous donne-t-il dans ces préjugés du tien et du mien ? (1) » Aussi voit-on souvent proposer à notre admiration les mœurs de peuplades communistes très fantaisistes. Quelques-unes le sont si fort, qu'il est facile d'apercevoir chez ceux qui les dépeignent l'intention de tourner en ridicule des maximes qu'il jugent exagérées. Tel est, [me semble-t-il, le cas du *Compère Mathieu*, le fameux roman de l'abbé Dulaurens. MM. de Goncourt ont signalé l'auteur comme un novateur furieux, comme « un philosophe qui a mené de Rabelais à Babeuf (2). » Je crois qu'ils se sont trompés ; plus qu'eux, Grimm me paraît dans la vérité en reprochant à Dulaurens « d'avoir exécuté en roman le noble projet de l'auteur de

(1) *Journal et Mémoires de Collé*, édit. 1827, t. I, p. 319.
(2) E. et J. de Goncourt, *Portraits intimes du* XVIIIe *siècle*, 1857, t. I, p. 153.

la comédie des *Philosophes*, (1). » Il est vraisemblable que Dulaurens, cerveau fumeux et agité, s'amusa à jongler avec des maximes subversives et qu'ensuite, en partie par prudence, en partie pour montrer qu'il savait, quoique écrivain pornographe, être moraliste à son heure, il s'attacha à en montrer l'inanité. On peut rapprocher de son ouvrage un autre livre jusqu'ici fort oublié: sans doute ses sympathies communistes me paraissent mieux établies; mais il est visible que Tiphaigne de la Roche, auteur de l'*Histoire des Galligènes*, n'a pas partagé, pour l'excellence des institutions de la nature, la foi aveugle qui caractérise la plupart des contemporains de Rousseau.

Tiphaigne de La Roche naquit à Montebourg, dans le diocèse des Coutances, en 1729. Il prit ses degrés à l'Université de Caen et fut médecin en même temps que littérateur. Il mourut en 1774 dans sa ville natale. C'est, je crois, à peu près tout ce que l'on sait de sa vie. La

(1) *Correspondance de Grimm*, t. VI, p. 483.

3.

plupart des recueils biographiques ne le mentionnent même point.

Ce fut, semble-t-il, un esprit assez ordinaire qui se donna beaucoup de mal pour être brillant ou profond, et généralement ne réussit guère qu'à être baroque ou creux. Deux de ses ouvrages ont un caractère scientifique : c'est l'*Essai sur l'histoire économique des mers occidentales de France* (1760) et les *Observations physiques sur l'agriculture, les plantes, les minéraux* (1765). Mais, en général, il eut plutôt des velléités littéraires et philosophiques et mêla des aperçus scientifiques assez fantaisistes à des développements moraux ou satiriques.

Dans son livre intitulé l'*Amour dévoilé ou le système des sympathistes* (1751) et rédigé moitié par chapitres et moitié par lettres, il réfuta Platon, Aristote et Descartes, et déclara que la transpiration humaine est la source principale de toutes nos émotions. Selon l'impression que produit la matière transpirante de chacun sur son prochain, il naît entre eux la

haine, l'amour ou l'indifférence réciproque.
Dans *Amilec ou la graine d'hommes* (1753),
un génie apparaît en songe à l'auteur et lui
explique les mystères de la génération. Les
Bigarrures philosophiques (1759) sont deux
volumes de dissertations assez variées. On y
trouve la description d'un fluide subtil qui,
circulant en nous, cause toutes nos pensées,
des réflexions sur la nature de l'âme, la description d'un voyage aux pays des limbes, des
prétentions philosophiques assez dénuées de
fondement ; quelques phrases banales sur la
vanité des richesses et sur le mal, devenu nécessaire, de la distinction des rangs. Le roman
de *Giphantie* (1761) eut quelque succès, puisqu'il fut traduit en anglais. Giphantie est le
nom d'une île où l'on voit des choses singulières, entre autres un arbre merveilleux d'où
naissent toutes les inventions et toutes les
sciences. Une feuille de cet arbre porte un ouvrage intitulé *Epître aux Européens* qui raille
les soi-disant progrès qu'ont cru faire les
hommes en substituant la propriété et la so-

ciété à la paix des forêts. « Quand la sagesse moderne, qui se cache encore timidement dans l'ombre, aura paru au grand jour, alors vous n'aurez plus ni principes de religion ni principes de morale : vous serez au comble de la félicité. » Enfin, dans l'*Empire des Zaziris sur les humains ou la Zazirocratie* (1761), l'auteur nous décrit des sylphes ou génies qui influent à chaque instant sur les hommes et se mêlent à leur vie. Il serait exagéré d'y voir des précurseurs, même très indignes, du *Herla*.

Tout cela est bien peu de chose et d'une bizarrerie plutôt laborieuse qu'originale. Les idées baroques de Rétif de la Bretonne sont autrement curieuses que celles du pauvre Tiphaigne. Ce n'est que comme l'auteur de l'*Histoire des Galligènes* (1) qu'il mérite d'être rappelé. Encore faut-il remarquer que cet ouvrage, paru anonyme, ne lui a pas été universellement attribué. La biographie Michaud, qui

_____

(1) *Histoire des Galligènes ou Mémoires de Duncan*, Amsterdam, et se trouve à Paris, 1765, 2 parties in-12 ; il y eut en 1770 une deuxième édition à Genève.

nous donne sur Tiphaigne les renseignements les plus étendus, ne le mentionne pas, et l'on a été jusqu'à en faire honneur à Diderot. Cette attribution ne se soutient pas et, jusqu'à nouvel ordre, il convient de l'attribuer à Tiphaigne avec Quérard et la plupart des bibliographes. C'est assurément de beaucoup le meilleur de ses ouvrages ; tout en offrant quelques analogies d'idée avec plusieurs autres, il est mieux écrit et mieux pensé. Il y a dans ce récit une certaine ironie, un certain humour, qui tranchent avec la sensibilité uniforme de l'époque. L'auteur se raille lui-même en employant les procédés habituels du roman utopique, et il admire le nombre de naufrages qui lui sont nécessaires pour justifier les péripéties de son récit. C'est moins une véritable utopie qu'un roman satirique, parfois amusant de forme et assez original d'idée.

Le cadre est celui de toutes les Robinsonnades et de tous les voyages calqués sur celui de Gulliver. Le héros, un Français nommé Duncan, fait naufrage sur une île inconnue où il est amicalement accueilli par une population qui parle un français un peu corrompu, mais dont les idées et les mœurs diffèrent totalement des nôtres.

Les Galligènes tirent leur origine d'un Français nommé Almont qui jadis fit naufrage avec ses enfants sur leur île au moment où elle sortait de l'eau par un soulèvement du sol. Grâce à son industrie et grâce aux produits merveilleux du pays, il put y vivre et y prospérer. Son fils et sa fille, qu'il laissa suivre les lois de la nature, s'unirent et devinrent la souche d'un grand peuple qui, au moment de l'arrivée de Duncan, compte 100.000 habitants. Précurseur de Malthus, le législateur a d'ailleurs défendu qu'on dépassât jamais ce chiffre, mesure que Duncan blâme fort, mais que l'auteur du roman déclare approuver. Almont laissa ses descendants se développer librement selon les lois de la nature, ne leur recommandant que de s'aimer. Il leur apprit un petit nombre d'arts et de sciences utiles, sans rien leur révéler de l'existence des autres nations ; et ce ne fut qu'après beaucoup d'hésitations qu'il se décida à laisser en dépôt entre les mains des anciens un livre où il décrivait les mœurs et l'histoire de l'Europe ; ce n'est que par un abus fâcheux que peu à peu la plupart des habitants en ont eu connaissance. Ils sont arrivés tout naturellement à concevoir l'idée de Dieu et à discuter sur la nature de l'âme. Almont leur a donné les préceptes généraux d'un culte encore vague et a établi parmi eux la liberté de conscience. Pendant très longtemps, la félicité a régné parmi les Galligènes, qui vivent en commun, dans la simplicité des mœurs, et avec un travail modéré. Au moment où Duncan décrit leur pays, il est évident que tout n'y est pas parfait, et il critique vivement certaines des coutumes qui y règnent ; mais souvent de sages Galligènes, ou l'auteur du roman lui-même, prennent la parole pour le réfuter.

L'île mesure douze lieues sur huit. Elle est fort bien cultivée et ne comprend qu'une seule grande ville traversée par une belle rue qu'ombragent de grands arbres et où coule un ruisseau gracieux. Toutes les autres rues sont larges et régulières. Les maisons sont variées et agréables. On voit peu d'œuvres d'art inutiles. Les deux édifices les plus remarquables sont la maison de l'Orient où les enfants sont élevés jusqu'à l'âge de sept ans, et le palais de l'Occident, situé à l'autre extrémité de la ville, où sont les anciens qui gouvernent. Chaque citoyen à mesure qu'il avance en âge change de résidence et se rapproche davantage de ce dernier palais. Il n'y a ni églises ni clergé, on se contente de chanter des hymnes et d'écouter les exhortations des anciens. Le système politique des Galligènes est un « gouvernement qui ne s'est jamais établi nulle part, qui, sans doute, partout ailleurs, serait impraticable, et qui même ne subsistera peut-être pas longtemps parmi eux ». C'est un système voisin de celui de la *République* de Platon. Almont leur a donné ce principe fondamental : « Aucun n'aura rien qui soit à lui : tout sera à la république, tout appartiendra à tous. On ne dira jamais : cette femme est à moi ; car chaque femme sera l'épouse de tous les citoyens, chaque citoyen sera, l'époux de toutes les femmes. » Il règne donc entre tous les citoyens la plus parfaite égalité ; enlevés dès leur naissance à leurs parents, tous les enfants des deux sexes reçoivent une éducation identique ; les résultats en sont merveilleux ; nul talent ne demeure caché. A part les anciens qui sont chargés de l'administration générale et les enfants trop jeunes pour se rendre utiles, tout le monde travaille : étant données les productions merveilleuses de l'île, un travail modéré de deux jours par semaine suffit à produire tout le nécessaire. On estime également toutes les espèces de travaux. L'amour de tous les citoyens pour l'État est extrême, puisque c'est à lui qu'ils doivent tout et de lui qu'ils reçoivent tout. Il résulte de cette législation particulière que la morale des Galligènes est tout autre que la nôtre. Comme le dévouement absolu à l'État est le fondement même de leur société, tout ce qui peut créer des divisions particulières est proscrit. Le désir exagéré de la louange et de l'estime est funeste, car il est un germe d'inégalité. L'excès des attachements particuliers est tout à fait blâmable. On fait un crime à un Galligène d'être un ami trop ardent ou un obligé trop reconnaissant. La pusillanimité, la simplicité, le goût de la routine sont très appréciés. Au contraire, on déplore les amitiés constantes, les amours fidèles, la tendresse paternelle, la grandeur d'âme, etc. Quiconque donne trop à des particuliers dérobe à l'État une partie de l'amour qui lui est dû. Il est évident que, du moment que la communauté des amours est admise, un amant doit se vanter d'être léger et inconstant. Aussi, pour fronder le gouvernement, beaucoup se piquent de constance et de fidélité.

Duncan blâme vivement un grand nombre des usages des Galligènes et entre autres la communauté des femmes et des enfants. Un sage Galligène lui répond que, les lois de son pays différant de celles d'Europe, les mœurs aussi doivent différer. « Dans votre constitution, dit-il, vous avez raison ; dans la nôtre, nous avons aussi raison. Que l'un ne blâme donc pas les mœurs et les lois de l'autre ; que chacun vive en paix et qu'il soit vertueux à la mode de son pays. » Il y a bien des choses indifférentes en soi et que la loi peut fixer à son gré. « En conséquence de la variété des climats, des tempéraments, des caractères, des besoins, des circonstances, la plupart des choses qui sont utiles à un peuple sont préjudiciables à un autre. Les lois doivent donc varier ». Il n'y a qu'une seule loi fondamentale et universelle, qui est l'amour primitif et désintéressé que chaque homme doit porter à ses semblables. C'est à la législation de chaque pays d'en régler les manifestations.

Est-ce à dire qu'avec leur régime actuel les Galligènes jouissent d'un bonheur parfait? Non, sans doute. Dans les premiers temps, quand régnaient la simplicité complète des mœurs et le récent souvenir d'Almont, ils étaient véritablement heureux. Mais, étant donnés les vices inhérents à la nature humaine, il est forcé que peu à peu leur État ait prêté à la critique. Sans doute les sages Galligènes réfutent la plupart des observations que leur fait Duncan, mais bien des citoyens eux-mêmes se déclarent mal satisfaits. Beaucoup regrettent que l'absence de la propriété individuelle ne permette aucun champ à l'ambition. D'autres réclament contre les travaux auxquels ils sont astreints. D'autres voudraient au contraire qu'on travaillât davantage pour mieux assurer l'avenir. D'autres méconnaissent le bonheur qu'il y a à ne pouvoir ni s'enrichir ni se ruiner.

Heureusement, chez les Galligènes comme chez nous, « il se trouve encore des esprits éclairés, des hommes sages qui s'accommodent par raison des lois du pays où ils ont pris naissance et vivent en paix ; mais ceux-ci sont rares. » Il y a des méchants qui vont jusqu'à comploter le renversement de l'État, ce qui est une preuve assurée de l'affaissement des bonnes mœurs.

Après quelque temps de séjour chez les Galligènes, Duncan finit par s'ennuyer dans un pays où il n'a rien à ambitionner ni à perdre, personne à jalouser, personne à humilier ni à duper. Aussi se fait-il renvoyer en Europe ; mais il refuse d'indiquer aux Européens la situation du pays d'où il vient ; refus singulier, ricane l'auteur, et dont assurément on pourrait le faire revenir « en représentant à Duncan que c'est pour le bien des Galligènes, qu'on veut leur ôter la liberté et s'emparer de leurs terres », selon la coutume des conquérants européens. On arriverait certainement à les civiliser comme les Espagnols ont civilisé les Indiens Américains.

Telle est l'*Histoire des Galligènes*. Grimm la considère comme « une satire des Français très assoupissante (1) ». Je ne suis pas tout à fait de son avis. D'abord elle est un exemple du roman utopique certainement très supérieur à la moyenne du genre. Elle ne manque ni de fantaisie ni de quelque esprit. Mais de plus, l'auteur a quelques idées personnelles, ce qui est rare à cette époque où l'influence de Rousseau est si prépondérante. Quoique quelquefois, dans les théories professées par Duncan et par les Galligènes, il soit difficile de dis-

(1) *Correspondance de Grimm*, t. VI, p. 314.

tinguer ce que Tiphaigne approuve et ce qu'il blâme, la pensée se dégage en somme assez nettement. Il n'y a pas de régime politique absolument et universellement parfait. Les lois doivent changer selon les pays, et ce sont elles en grande partie qui créent les mœurs, pourvu qu'elles soient conformes aux dispositions primitives de l'homme. Peut-être le meilleur régime politique est-il un communisme patriarcal qui malheureusement, presque fatalement, ne peut durer. Il ne faut pas rêver en politique le bien absolu, mais tâcher de tirer le meilleur parti possible des lois sous lesquelles on vit, sans leur attacher un caractère de généralité et d'infaillibilité. Nous sommes loin ici de l'optimisme naïf des partisans de Rousseau et des idées générales absolues qui avaient cours. Par son pessimisme ironique et résigné, l'auteur de l'*Histoire des Galligènes* mérite peut-être un souvenir, non seulement parmi les communistes, mais parmi les littérateurs secondaires de son temps.

IV

BÉAURIEU

LES DISCIPLES DE LA NATURE

Je ne connais pas d'influence littéraire comparable à celle de Rousseau. Par la forme que son talent leur prêta, il fit siennes un grand nombre d'idées qui flottaient éparses dans les cerveaux de ses contemporains. Le nombre de ses contradictions même augmenta celui de ses disciples ; car les esprits les plus opposés pouvaient se réclamer de passages différents de ses œuvres, et la puissance de ses paradoxes les imposait à tous. Actuellement encore ses admirateurs ressemblent parfois à des dévots. En Allemagne, il a été le promoteur d'une évolution de la pensée. En Angleterre, il a été le dieu des Jacobins de la fin du siècle.

En France, son rôle a été prépondérant, et toute la Révolution peut se réclamer de lui. Le nombre de ses disciples conscients est énorme ; inconsciemment, tous les Français de la fin du XVIIIe siècle relèvent de lui. Il est intéressant de suivre l'empreinte de sa pensée sur les hommes principaux de son époque. Peut-être ne l'est-il pas moins de l'étudier sur les littérateurs de seconde ou de troisième classe. On mesure l'influence d'un écrivain à son action, non seulement sur l'élite des penseurs de son temps, mais sur la masse des hommes lorsqu'elle leur est accessible. Et le menu fretin de la littérature est intermédiaire entre les deux catégories.

Il est visible que la conception que Rousseau se fit de l'homme et de la nature ou plutôt que l'impression que laisse la lecture de ses ouvrages sur ces sujets tourna complètement la tête à un grand nombre de braves gens sensibles et enthousiastes. On est étonné de la masse prodigieuse d'inepties vertueuses et humanitaires qui fut suscitée par la lecture du

Contrat social, de la *Nouvelle Héloïse* et de l'*Emile*. A y regarder de près, l'état de nature n'est en somme primitivement pour Rousseau qu'une supposition logique. On conçut son existence comme un fait historique. Il y eut des hommes qui retournèrent à la vie sauvage. Les voyageurs étaient atterrés que les indigènes qu'ils rencontraient eussent parfois des vices. Souvent on préférait la théorie aux témoignages les plus positifs. Si tous les sauvages ne sont pas parfaits, c'est que ceux que nous connaissons sont déjà corrompus par notre contact. « J'ai toujours regretté, dit un certain Rouillé d'Orfeuil, de n'avoir pas une santé assez forte pour entreprendre de longs voyages sur mer ; j'aurais voulu pénétrer dans l'intérieur de terres inconnues; je suis certain que j'aurais trouvé des peuples vivant absolument dans l'état de nature, suivant avec douceur ses instutions et se conformant en tout à l'admirable simplicité de ses lois immuables. « Et, enthousiasmé par les tableaux enchanteurs qu'il voit se dérouler à ses yeux, le bonhomme se con-

A. LICHTENBERGER.   4

fond en exclamations attendries : « Oh ! les heureuses nations ! Oh ! les aimables hommes ! Quelle douceur dans les mœurs ! Quelle simplicité dans les lois et les usages ! Quelle union ! Quelle harmonie ! Je voudrais vivre avec eux, ils me corrigeraient sûrement, car l'exemple est pour nous le guide le plus certain, et je serais heureux comme eux (1). » Voilà la vraie foi !

Chacun des livres de Rousseau fut refait, imité, délayé, commenté, développé, résumé, etc., un nombre de fois considérable. Mais c'est probablement de l'*Emile* qu'est issue la postérité la plus abondante. Car les questions relatives à l'éducation, plus susceptibles de recevoir quelques solutions pratiques, attirèrent plus que les spéculations purement théoriques, encore qu'en nulle époque on n'ait discuté aussi volontiers dans le pur domaine de l'abstrait. On récrivit donc l'*Emile* indéfiniment, en variant les détails et les épisodes,

(1) *Alambic des lois*, 1773, p. 27 et 28.

mais toujours avec les mêmes intentions. Il s'agit de refaire l'homme de la nature et de le montrer agissant dans la société, aussi complet qu'il est vraisemblable, et même beaucoup plus. Certes, la méthode d'éducation employée par Rousseau était admirable, et la plupart de ses contemporains ne songèrent qu'à le copier plus ou moins servilement. Mais quelques-uns eurent la noble ambition de faire mieux. Qu'on le remarque en effet : entre Emile et la nature, il y a un intermédiaire : un homme qui conseille, commente et explique ; qui, par conséquent, quels que soient ses mérites, dénature, fausse et altère les pures leçons de la nature. Ne serait-il pas préférable qu'au lieu d'être l'élève d'un homme, sage, instruit et sensible sans doute, Emile fût l' « élève de la nature » et, que ce fût elle, directement, sans aucun interprète, qui gravât en lui ses incomparables préceptes?

Aussi un grand nombre d'écrivains conçurent l'idée de placer un être humain seul en face de la nature et de le faire se développer uniquement d'après les leçons qu'elle lui donnerait. Je ne veux rappeler ici, parmi de nombreux ouvrages de ce genre, que ceux de l'abbé Dulaurens et de Beaurieu, notre héros.

Dans son roman intitulé *Imirce ou la fille de la nature* (1765), l'abbé Dulaurens suppose qu'une jeune fille et un jeune homme sont élevés dans une cave jusqu'à l'âge de vingt-deux ans et font ensuite leur entrée dans le monde, et il se complaît à peindre l'impression qu'ils reçoivent de la vie civilisée normale. C'est d'ailleurs principalement à des traits grivois ou obscènes que Dulaurens borne sa philosophie.

Tout autre fut un brave homme nommé Gaspard Guillard de Beaurieu, l'auteur de l'*Elève de la nature*. Né en 1728 à Saint-Pol en Artois, il mourut en 1795 à l'hôpital de la Charité à Paris. Il avait, nous dit-on, une figure dans le genre de celle que la tradition attribue à Esope et se promenait dans les rues avec un costume grotesque : manteau de Crispin, large feutre et souliers carrés. Sa manière de vivre autant que son aspect était singulière. Il affectait des propos sentencieux et inattendus. « Le temps, disait-il, est un dormeur qui nous mène tout doucement à l'éternité... La vie de l'homme est une épigramme dont la mort est la pointe. » Quand on lui reprochait de n'avoir jamais cherché à acquérir, il répondait: « J'ai trop aimé l'honneur et le bonheur pour avoir jamais pu aimer la fortune. » D'un mot dédaigneux, Grimm nous apprend qu'il était « pauvre et malheureux (1) ». Au demeurant, c'était un être excellent. Il avait la passion des enfants et s'occupait sans cesse de leur éducation. Dans le but de s'y rendre plus propre, il se fit recevoir à soixante-six ans élève à l'École normale supérieure, afin d'y suivre des cours. Il a écrit une douzaine d'ouvrages qui ont un caractère pédagogique, moral, littéraire et philosophique, et sont au-dessous du médiocre. Il existe de plus aux Archives nationales un dossier volumineux et fort confus des papiers inédits qu'il laissa en mourant. Ils ne valent pas mieux.

(1) Grimm, *Correspondance*, édit. Assézat-Tourneux, t. V, p. 416.

Ce n'est donc pas à cause de sa valeur propre, mais uniquement pour indiquer l'influence de Rousseau sur une certaine catégorie d'âmes simples et sensibles, que l'on peut rappeler le nom de l'auteur de l'*Elève de la nature*. Le roman parut en 1763 ; seul de toute l'œuvre de Beaurieu, il eut quelque succès et fut réédité plusieurs fois ; même, un libraire impudent osa en publier une édition sous le nom de Rousseau. Ce libraire, assurément, avait mince opinion du sens littéraire de la clientèle. Beaurieu était modeste, mais véridique, en s'étonnant, dans la préface d'une édition postérieure, qu'on eût cru « pouvoir accréditer un ouvrage médiocre à la faveur d'un grand nom. » Grimm proclamait l'*Elève de la nature* un ouvrage « insipide et plat » et l'auteur « un singe de J.-J. Rousseau ». Il n'avait pas tout à fait tort comme nous allons le voir.

Il est avéré que la nature est le meilleur des maîtres. Pour le constater expérimentalement, un gentleman anglais a l'heureuse idée d'élever un de ses fils jusqu'à quinze ans dans une espèce de boîte sans aucune communication avec le monde extérieur et avec ses semblables. A l'âge de quinze ans, il le fait transporter par un vaisseau sur une île déserte où il est lâché tout seul en liberté. Il est facile de préjuger des excellents résultats d'une pareille éducation. Sans doute, avant d'arriver à la sagesse et à la connaissance de l'univers, l'élève de la nature est contraint à bien des expériences : mais la nature a si bien préparé son cœur et son cerveau qu'ils reçoivent rapidement de toute chose des impressions exactes. Il a d'abord des admirations, des étonnements, des raisonnements puérils. Mais, dès le premier jour, il est d'une exquise sensibilité : il pleure quand il voit le ciel ; il s'attendrit devant le soleil et l'adore ; apercevant un chien attaché (à l'exception d'une mouche, c'est le premier animal qui lui ait apparu), il se hâte de le délivrer; en effet, « on se doutait bien qu'un homme naturel était trop bon, trop sensible, pour voir un animal privé de la liberté et ne pas la lui rendre » ; à peine il l'a détaché (c'est, remarquons-le, quelques heures après qu'il est sorti de sa boîte pour la première fois), il observe que son chien le caresse davantage : « J'aperçois de là, dit-il dans ses mémoires, que l'âme s'affaisse pour ainsi dire dans l'esclavage et le malheur; mais je vois aussi qu'elle sait recouvrer en un instant toute son énergie, toute sa force dès qu'elle recouvre la liberté. » Ce n'est là qu'un exemple des nombreuses et surprenantes réflexions qui sont familières à l'homme de la nature. Sans doute, Beaurieu dut soupçonner que quelque esprit mal fait pourrait demeurer incrédule devant ces raffinements : « Persuadez-vous bien, déclare-t-il à ses lecteurs, que la nature découvre volontiers son sein à un homme simple et uni comme elle, qui ne veut voir que son sein ! » Et croyez qu'il y voit bien des choses !

D'autres maîtres cependant viennent s'adjoindre à celui-ci. Il était nécessaire, l'âme de l'homme idéal une fois préparée par la nature, de la montrer peu à peu s'ornant d'une culture qu'avec la meilleure volonté celle-ci était impuissante à lui donner. Donc, dans un coin écarté de l'île, vivent le vertueux Euphémon et la sensible Julie. Longtemps l'homme de la nature a ignoré leur existence. Un jour le hasard les lui fait rencontrer. Il se montre avec Julie tout à fait « homme du monde », et ce n'est qu'après une cour assidue et la bénédiction paternelle qu'il est promu à devenir la souche d'une postérité qui croît chaque année. En même temps, appelé maintenant du nom d'Ariste, il acquiert toutes les connaissances que la nature n'avait pu lui enseigner.

Après quelques années d'union, le père d'Ariste revient le chercher et, reconnu immédiatement par son fils, que la voix du sang ne peut tromper, il se montre enchanté des résultats de son expérience. Remarquons qu'il n'a guère sujet de l'être, puisque Ariste a été partiellement éduqué par d'autres êtres humains. Quoi qu'il en soit, il emmène son fils faire un voyage en Europe pour y parachever son éducation. Ariste accomplit le voyage à son corps défendant, y éprouve un certain nombre de mésaventures pénibles, s'y ennuie, est choqué par beaucoup de vices et d'abus et finalement s'en retourne dans son île afin de s'y établir définitivement et d'y faire régner un régime politique et social qui, dit-il, sera à peu près celui de l'*Utopie* de Morus.

En réalité, cette utopie n'est guère sociale et politique: c'est plutôt un établissement agricol perfectionné, où l'on observe les meilleures règles d'hygiène et d'éducation et où l'on mène une vie patriarcale. Ariste en est naturellement le directeur. Tous les enfants sont élevés ensemble jusqu'à quinze ans, âge auquel on sépare les deux sexes. Jusqu'à ce moment, ils n'ont aucune propriété ; mais on examine soigneusement leurs défauts afin de combattre ceux qui pourraient tendre à se développer. Aussi est-il rare qu'à l'âge de quinze ans ils ne soient pas absolument vertueux. Ils reçoivent alors un petit bien : s'ils manifestent encore quelque tendance à l'avarice ou à la prodigalité, Ariste, qui les suit avec un soin vigilant, prend soin d'en anéantir les derniers germes. Car « la propriété, qui, par l'abus qu'on en fait, est un très grand mal, se change en bien quand elle est sagement dispensée ». Aussi, quand les citoyens sont arrivés à la vertu parfaite, on les autorise à se marier en assortissant au mieux les couples au point de vue physique et moral. De la sorte se forme peu à peu dans l'île une population agricole, travailleuse, frugale, où il n'y a ni riches ni pauvres (l'argent est à peine employé), et où toutes les vertus sont portées au plus haut point.

C'est, en somme, l'apothéose de la pédagogie que nous trace Beaurieu. La nature a fait d'Ariste un être admirable ; le sage Euphémon et la sensible Julie le perfectionnent encore ; et lui-même éduque toute une peuplade exempte de vices. Malgré sa modestie, l'auteur dut être fier d'avoir pu créer un si grand nombre d'êtres vertueux, quand Rousseau lui-même avait eu tant de peine à former un seul Emile qui, d'après son propre aveu, s'était éloigné, une fois homme, du sentier de la vertu.

Sous la Révolution, les doctrines morales et

pseudo-socialistes de Beaurieu s'épanouirent.
Ses papiers sont pleins de projets mal digérés
et confus, généralement d'un caractère pédagogique. Il conçut l'idée d'exécuter pratiquement l'*Elève de la nature* en faisant des expériences sur deux couples séparés. L'année de
sa mort, il publia, sous le titre de *l'Equilibre
physique et moral*, un ouvrage que je n'ai pu
retrouver, mais dont il existe des fragments
mélangés à d'autres morceaux dans le dossier
des Archives. Beaurieu avait l'idée fixe que la
Révolution, très avancée dans l'ordre politique,
demeurerait imparfaite et instable tant qu'elle
ne serait pas également physique et morale,
c'est-à-dire tant que l'équilibre voulu par la
nature ne régnerait pas aussi bien dans les
choses que dans les âmes humaines. C'est en
somme l'établissement agricole d'Ariste que
Beaurieu aurait souhaité de voir établir en
France. La France devait devenir une espèce
de vaste jardin, non pas un jardin anglais :
« N'ayons rien de commun avec ce peuple jusqu'au temps où il sera libre et régénéré »,

mais un jardin commode et bien cultivé où vivra la famille des hommes ramenés à la vertu. Les travaux trop compliqués sont blâmables. Les exigences de la civilisation sont nuisibles. Les besoins raffinés sont coupables. Le luxe doit être détruit. Quant à la richesse, « je ne cesserai, dit Beaurieu, de la regarder comme un opprobre, même comme un crime ». On est riche dès qu'on possède plus que le nécessaire. Et ce nécessaire doit être fixé à bien plus bas prix que ne fait la Convention l'estimant à 1.500 livres de rente par tête de chef de famille et à 1.000 livres par tête de femme ou d'enfant. L'État doit être riche, mais le citoyen doit être pauvre. Si l'on ne veut pas interdire d'accumuler l'or et les assignats, au moins en interdira-t-on l'usage, ce qui reviendra au même. Il faut qu'il règne une égalité, sinon absolue, au moins relative, et proportionnelle aux fonctions et à l'activité personnelle de chaque citoyen. Dans un apologue qui ressemble à ceux de Sylvain Maréchal, Beaurieu nous montre une ménagère qui s'indigne de voir ses dindons empêcher les autres volailles de manger et se bourrer eux-mêmes exagérément pour aller dégorger à l'écart l'excédent de leur pâtée et la réabsorber ensuite : « Les dindons emplumés dont je parle, dit Beaurieu, n'ont peut-être ni cette sale faculté ni quelques autres du même genre qui se trouvent incontestablement dans les dindons sans plumes dont je veux parler. » La bonne ménagère fabrique des cages, et chaque volaille reçoit une ration appropriée à ses besoins. Les dindons sont furieux ; « leur grosse gorge devient rouge et bleuie de colère et d'aristocratie. » Mais ils sont bien forcés de se soumettre. Pour vivre en république, une grande amélioration de nos mœurs est nécessaire. « On n'est libre que quand on est républicain, mais on n'est pas longtemps républicain si l'on ne réunit toutes les vertus. »

L'excellent Beaurieu pensait donc en somme qu'à défaut de la nature la Révolution était appelée à rétablir le véritable être moral de l'homme. Il ne paraît pas que son jacobinisme, quoique de bon aloi, ait fait sa fortune. « Je crains, raillait Grimm, dès l'apparition de sa grande œuvre, que cet *Elève de la Nature* ne nourrisse fort mal son précepteur. » Ses prévisions se réalisèrent. On trouve parmi les derniers papiers de Beaurieu la reconnaissance d'un certain « pentalon » engagé au mont-de-piété. Beaurieu mourut à l'hôpital en 1795.

Il est inutile, au terme de cette brève analyse, d'insister sur la pauvreté littéraire des œuvres de Beaurieu. Mais l'homme a son importance comme type d'un état d'âme très fréquent à la fin du XVIIIe siècle. Sous l'influence de Rousseau et des déclamations courantes sur la sensibilité et la nature, on perd toute notion de la réalité, des conditions nécessaires de la vie pratique comme des sentiments véritables de l'homme ; et l'on arrive à une foi aveugle, d'une part dans l'excellence de la nature, de l'autre dans la toute-puissance de l'éducation donnée par l'Etat. On se complaît dans une sentimentalité plus ou moins socialiste, assez dangereuse en matière politique. On regarde comme naturelles et évidemment salutaires des

réformes qui touchent aux assises tradition-
nelles de la société et au fond même de l'âme
humaine. Beaucoup d'hommes de la Révolution
crurent pouvoir agir vis-à-vis du peuple comme
l'Ariste de Beaurieu vis-à-vis du chien enchaîné, pensant que son âme jusque-là affais-
sée par l'esclavage, recouvrerait, en un instant,
« toute son énergie, sa force et sa lucidité ».
Sans doute on s'est plu à exagérer le manque
de sens pratique des philosophes du xviiie siècle
et des hommes politiques de la Révolution.
Ils en ont eu, somme toute, souvent beaucoup
plus qu'il ne semble. Mais il est certain qu'une
vapeur de sensiblerie et d'utopie environna les
plus distingués et qu'elle alla parfois jusqu'à
obscurcir complètement la vue de la réalité.
C'est comme un exemple singulier de ces illu-
sions morales, pédagogiques et humanitaires,
dont le rôle effectif fut considérable, que j'ai
cru pouvoir rappeler le nom oublié du pauvre
Beaurieu.

V

LINGUET SOCIALISTE

Célèbres à leur époque et oubliés aujour-
d'hui, peu d'écrivains l'ont été plus que Simon-
Nicolas-Henri Linguet. Caractère énergique et
plein d'activité, mais irritable et agressif ; écrivain brillant et mordant, prompt à l'attaque
comme à la riposte ; esprit inquiet, curieux et
original ; avocat éloquent et infatigable publi-
ciste ; quelquefois calomniateur éhonté, ailleurs
intrépide défenseur de l'innocence ; toujours
ardent joûteur en paradoxes et polémiste ou
ennemi redoutable, il fut une des personnalités
littéraires les plus en vue et les plus singulières
de la seconde moitié du xviiie siècle. Les événements multiples de sa vie : ses éclatants débuts au barreau et dans la littérature, la publi-

cation de sa *Théorie des lois*, les fameux procès auxquels il fut mêlé comme avocat ou comme partie intéressée, l'apparition de ses célèbres *Annales*, ses querelles avec les encyclopédistes, les économistes, et l'ordre des avocats ; ses emprisonnements et ses aventures de tout genre ; d'autre part, les idées inattendues qu'il s'est plu à soutenir dans ses ouvrages : éloge de l'esclavage et du despotisme asiatique ; anathèmes contre le pain et le blé propagateurs de la misère humaine ; panégyriques de Tibère et de Néron ; tout attira sur lui une attention qui ne se lassa pas. Il fut, semble-t-il, un de ces esprits agités, tels que l'on en rencontre souvent aux époques qui précèdent les grands troubles politiques et sociaux. A des habitudes de penser et de croire respectueuses des traditions et l'ordre établi, ils allient d'un côté des désirs de changement et des instincts de bouleversement, de l'autre une conduite ambiguë et des actes suspects : la postérité hésite à leur égard entre une curiosité presque sympathique et une défiance instinctive et nuancée de mépris.

Je ne veux pas ici essayer de reviser une fois
de plus son procès, ni même de montrer que
chez lui l'écrivain au moins mérite quelque
estime. J'essaierai seulement de dégager une
des faces de ce multiple personnage. Les histo-
riens du socialisme se contentent en général
de le mentionner d'un mot au milieu d'une
pléiade d'auteurs oubliés ; il est digne à coup
sûr de plus d'intérêt. Nous allons voir par où
et comment il doit être rattaché à l'histoire des
théories socialistes avant la Révolution (1).

I

Ses idées sociales et politiques sont dissé-
minées dans un assez grand nombre de volumes.
Mais, quand on les a tous lus, on s'aperçoit que
les mêmes maximes se trouvent fréquemment

(1) J'ai donné dans mon *Socialisme au* xviii° *siècle*, p. 288,
une bibliographie suffisante de Linguet. Il faut y ajouter le volume de M. Jean Cruppi (*Un Avocat journaliste au* xviii° *siècle,
Linguet*), paru en 1895, mon ouvrage étant déjà sous presse ;
j'ajoute que mon étude, ici reproduite, a été publiée dans la
Révolution française le 14 août 1893.

répétées de l'un à l'autre avec des variantes insignifiantes, parfois exactement dans les mêmes termes. A peu près tous les développements relatifs à notre sujet d'étude se trouvent réunis dans deux ouvrages : *la Théorie des lois civiles...* Londres (Paris), 1767, 2 vol. in-12, et les *Annales politiques, civiles et littéraires du* XVIIIe *siècle*, Londres, 1777-1792, journal plusieurs fois suspendu et qui eut, soit dit entre parenthèses, une vogue énorme, auprès du roi lui-même.

Linguet ne décrit pas à priori une société idéale, soit une utopie imaginaire, soit un état de nature qui ne l'est pas moins ; en cela il diffère de la plupart de ses contemporains « socialistes ». Il se contente de faire une critique violente des institutions de son époque. Nous étudierons successivement : d'abord sa critique de la propriété ; en second lieu celle de la société dont elle est la base (nous insisterons surtout sur la condition des travailleurs) ; enfin, en terminant, nous détacherons quelques phrases où il annonce ou du moins croit possible une grande révolution : non celle de 89, mais celle de tous les pauvres contre tous les riches.

Pour Linguet, le fondement sur lequel repose la société entière, c'est la propriété ; en cela il se rapproche des physiocrates. En revanche, il s'écarte complètement de leur manière d'établir ce principe et d'en montrer les conséquences. Tandis que Quesnay et ses disciples font du droit de propriété un droit primitif, sacré, antérieur à la société et naturel à l'homme, Linguet lui donne une moins noble origine : « L'état de nature, dit-il (1) n'admet, ni juges ni prohibitions ni propriété. » C'est un état de liberté, c'est-à-dire d'anarchie absolue, dans lequel chacun possède et consomme en raison de ses besoins ; les uns se livrent à l'agriculture, d'autres à la chasse, selon leurs goûts. On peut supposer qu'après une expédition infructueuse les chasseurs, plus belliqueux, dépouillèrent les agriculteurs des terres

____

(1) *Théorie*, t. I, p. 350.

5.

qu'ils cultivaient en commun et les forcèrent à travailler pour eux. Quelque temps, ce butin demeura indivis ; mais la fréquence des querelles, et la réflexion que la propriété individuelle serait plus simple et plus facile à faire respecter, décidèrent à faire un partage par lequel on interdit tout brigandage à l'avenir : « On convint que chacun posséderait tranquillement la part qui lui serait échue et que quiconque tenterait de la lui enlever serait déclaré ennemi public et poursuivi en cette qualité (1). » Ce n'est donc rien moins que la justice qui a créé la propriété : « L'avarice et la violence ont usurpé la terre (2), » — « de sorte que la possession la plus légitime, la plus sacrée aujourd'hui, porte par un bout sur l'usurpation la plus criante. » D'ailleurs cette tache originelle n'enlève rien au caractère inviolable, indestructible, qu'elle a pris ensuite : « Une usurpation est la cause seconde dont Dieu s'est

(1) *Théorie*, t. I, p. 298.
(2) *Ibid.*, t. I, p. 187.

servi pour amener sur la terre un ordre que sa providence voulait y voir (1). »

Voilà donc la propriété créée ; quels changements son existence va-t-elle amener pour les hommes ? De très grands ; car c'est d'elle que va naître une chose nouvelle, la société, et, avec la société, l'inévitable inégalité des conditions. Sans doute, auparavant déjà, on s'était écarté de l'égalité primitive : « En restant dispersée, elle [l'humanité] se fût épargnée de grands maux (2) » ; dès qu'elle se groupa, il y eut des chefs, et pourtant « la nature crie dans tous les cœurs, elle montre à tous les yeux que les hommes naissent libres et parfaitement égaux (3) ». Mais, avec l'apparition de la propriété, par la nécessité de donner des lois pour la faire respecter et par ses suites fatales, la société moderne prit naissance. Ce fut naturellement l'intérêt des vainqueurs, devenus les propriétaires, qui présida à sa création : « La

(1) *Théorie*, t. I, p. 304.
(2) *Ibid.*, t. I, p. 227.
(3) *Ibid.*, t. I, p. 181.

société est née de la violence, et la propriété de l'usurpation. » Ce que nous appelons souvent le droit naturel naquit alors : « C'est celui qu'on est convenu de nommer le droit naturel, qui n'est véritablement cependant que le droit civil. C'est le titre qui rend les possessions exclusives. C'est la loi qui divise le monde en une infinité de petits domaines et qui donne pour bornes à chacun en particulier tous ceux qui l'entourent. Elle devient en effet naturelle en quelque manière, c'est-à-dire inséparable de l'état où l'homme se trouve aujourd'hui. Elle est nécessairement attachée à sa position actuelle. Mais cette nécessité, comme celle de porter des habits, est une suite de cet état et n'en est pas la cause. Elle naît de cette position et ne saurait la produire. Ce principe ainsi naturalisé sur la terre est devenu la tige de toutes les institutions humaines. C'est à lui que se rapportent tous les règlements révérés et pratiqués dans la cité ; il s'applique sans exception à toutes les époques de la vie civile et politique, même à celles qui en pa-

raissent les plus éloignées ; il dirige également
la jeunesse et la caducité, tant des hommes
que. des États. Il en embrasse la naissance
et la mort ; enfin il est l'objet et le fondement de toutes les espèces de législation ». (1). Les institutions politiques et sociales
s'appuient en effet uniquement sur ce principe ; d'une extrémité à l'autre, la société consiste en une série de propriétés se garantis-
sant réciproquement : celle du prince sur ses
sujets est de même nature que celle de ceux-ci
sur leurs biens. « Toutes les propriétés ensemble, depuis celle du souverain jusqu'à celle
du plus vil de ses vassaux, forment la chaîne
qui le compose [le lien de l'État] (2). » Rompez
un anneau et tout se brise. « Le prince dans
mon système a pour défenseurs tous les citoyens
propriétaires : ils lui sont attachés, non par le
lien. fragile d'un parchemin que l'ambition élude
et déchire à son gré, mais par. la chaîne éter-
nelle et immuable de l'intérêt. Faisant partie

(1) *Théorie*, t. I, p. 352-353.
(2) *Ibid.*, t. I, p. 81.

de lui, tous les coups qu'on lui porte, ils les resssentent, et s'arment sans délai pour l'en préserver. Mais ces engagements sont réciproques : ce qu'ils lui doivent, il le leur doit par le même principe. Ils lui conservent sa propriété pour ne pas voir troubler les leurs ; dès le moment où il porte lui-même atteinte à celles-ci, la sienne s'évanouit (1). » La propriété est donc la pierre angulaire de la société ; y toucher, c'est tout ébranler. Quant à l'esprit, à l'essence de celle-ci, d'après ce qui précède nous les voyons déjà clairement ; en effet, les lois « sont destinées surtout à assurer les propriétés ; or, comme on peut enlever beaucoup plus à celui qui a qu'à celui qui n'a pas, elles sont évidemment une sauvegarde accordée au riche contre le pauvre. C'est une chose dure à penser, et pourtant bien démontrée, qu'elles sont en quelque sorte une conspiration contre la plus nombreuse partie du genre humain. C'est contre ceux qui ont le plus grand besoin

(1) *Annales*, t. IV, p. 229.

de leur appui que sont dirigés leurs plus grands efforts. C'est l'opulence qui les dicte, et c'est elle aussi qui en retire les principaux avantages » (1). Linguet revient fréquemment sur cet esprit de propriétaire qui a présidé à la formation des sociétés et continue d'y régner :

« L'esprit des institutions sociales, comme je l'ai prouvé incontestablement, est beaucoup moins la conservation des personnes que celle de la propriété des biens. C'est à cet objet qu'elles rapportent et sacrifient tout. La nature avait prodigué sur la terre les richesses en tout genre pour l'avantage général et commun des hommes. La société a restreint ce privilège. Elle a voulu que la plus grande partie d'entre eux ne fût que l'instrument de la jouissance des autres. Elle les pèse, en se jouant, dans une balance qui n'est assurément pas celle de la justice primitive ; c'est d'après cette manœuvre qu'elle prononce sur leur valeur et qu'elle se décide à les considérer comme la plus vile de

____

(1) *Théorie*, t. I, p. 195.

ses possessions. De là il suit que ce n'est point sur la qualité d'hommes qu'elle les juge, mais sur celle de propriétaires. Son estime pour eux se mesure à l'étendue de leur domaine... C'est abuser sans doute bien cruellement de la propriété ; c'est en pousser les conséquences aux derniers excès. Mais ces conséquences et ces abus sont une suite inévitable de la société. C'est la poussière que fait voler un carrosse en courant dans un chemin sablonneux : elle n'incommode guère que les passants qui n'ont' aucune part aux avantages de la voiture. Le'vent qui la leur porte dans les yeux en garantit ceux qui la font élever. De même la société entraîne avec elle ces barbaries indispensables qui ne deviennent funestes qu'à ceux qui se ressentent le moins de ses douceurs. Elle n'est point faite pour empêcher le pauvre de perdre, puisqu'elle est toute fondée sur des privations. Son unique objet est de conserver au riche ce qu'il possède, parce qu' le n'a été formée que dans cette vue (1). »

(1) *Théorie*, t. II, p. 367-369.

Ainsi qui dit société dit richesse et pauvreté, mendicité, vol. Toutes ces conséquences sont intimement liées au double principe : propriété-société. « Du moment que l'esprit de propriété a commencé de s'emparer des âmes, il les a rétrécies, matérialisées, pour ainsi dire. Il les a fermées presque à tout autre motif qu'à l'intérêt... Un philosophe célèbre, Platon, prétend quelque part qu'il n'y a d'État heureux que celui où le tien et le mien est inconnu. Cela peut être vrai; mais ce qui est plus vrai encore, c'est qu'un pareil État est une chimère en politique. C'est un être de raison parmi les hommes. Dès qu'on ôte la propriété, quel est le lien qui pourra les unir? (1) » Et, si on l'admet, comment empêcher ces conséquences ? Il faut, hélas ! « mettre à part l'humanité dans toutes les occasions où l'esprit de propriété peut se trouver en conflit avec elle (2) ; » la société est pour beaucoup « une vallée de larmes ». Il n'y a nul remède, car la subordination qui y règne tient à sa na-

(1) *Théorie*, t. II, p. 390.
(2) *Ibid.*, t. II, p. 392.

ture intime. « La subordination qui y a été introduite par force est attachée à sa nature et tient à son existence. On ne peut déroger à l'une sans détruire l'autre. C'est le fer d'une lance qui est resté dans la plaie. On ne saurait l'en arracher sans ôter la vie au blessé. Quelque douloureux que soit son état, il ne lui est pas possible de s'en tirer sans périr. Il faut qu'il traîne jusqu'à la fin de ses jours sa langueur et le corps étranger qui l'entretient. L'habileté des chirurgiens consiste à lui procurer tout au plus des soulagements en écartant avec soin une guérison qui le conduirait infailliblement à la mort. Voilà pourquoi la propriété est devenue sacrée, quoiqu'elle soit fondée originairement sur une injustice. Voilà pourquoi les appuis que la politique lui a donnés sont respectables comme elle, quoique participant au vice qui lui a procuré la naissance. C'est ce qui fait que le pauvre, exclu par le riche du partage dans l'hérédité commune, ne saurait revendiquer des droits qu'il n'a pourtant pas consenti de perdre, mais dont la restitution serait encore plus dan-

gereuse que la manœuvre inique par laquelle il
en a été privé. C'est d'après cette considération que les législateurs sont autorisés à prendre
pour base de leurs règlements une inégalité qui
seule les rend nécessaires, et sans laquelle la
société entière tomberait en pièces par la dissolution de son principe. On sent donc que, de
leur part, la ratification d'une première injustice
doit paraître légitime parce qu'elle est indispensable. Quiconque prétendrait s'y opposer
deviendrait par cela seul un ennemi commun
qu'ils feraient bien de poursuivre, un criminel
convaincu qu'ils auraient raison de punir. C'est
un malheur pour ceux dont elle a anéanti les
droits : mais il faut des pierres dans les fonde-
ments d'un vaste édifice pour en soutenir le
comble, comme il en faut dans les ornements
qui le couronnent. Les unes sont ensevelies
obscurément dans le sein de la terre et sup-
portent tout le fardeau ; les autres, sans charge,
sans gêne, brillent avec splendeur au frontis-
pice : elles dominent de là sur tout le bâtiment.
et en terminent majestueusement la façade. On

ne saurait tirer celles-là de l'oppression sans renverser celles-ci, et leur déplacement entraînerait la ruine de toute la masse. Cette distribution inégale se retrouve de même dans la société. Il n'y a point d'effort qui puisse en soulager la première assise : elle est faite pour rester éternellement écrasée par le poids de toutes les autres. C'est dans son immobilité que consiste l'ordre, l'harmonie générale (1). »

En résumé, « la société fait du monde un vaste cachot où il n'y a de libres que les gardiens des prisonniers (2). » — « L'état social étant contre nature, c'est une nécessité qu'il y ait des maux que le peuple est destiné à sentir, comme il l'est à être rongé par la vermine. Vouloir rendre tout le monde heureux dans un État est un projet aussi faux en politique, que celui de chercher la pierre philosophale l'est en chimie (3). » Le bonheur des uns est fait du malheur des autres, la richesse des

(1) *Théorie*, t. II, p. 348-351.
(2) *Ibid.*, t. II, p. 517.
(3) *Lettre sur la théorie des lois civiles*, p. 191.

riches de la pauvreté des pauvres. Du moment où l'opulence naît, l'indigence lui correspond immédiatement; et Linguet s'écrie, s'adressant aux économistes : « Dites-moi, messieurs, connaissez-vous un moyen de faire des riches sans faire des pauvres en même temps? Qu'est-ce que l'opulence? N'est-ce pas la disproportion qui se trouve entre celui qui a beaucoup et celui qui n'a rien? Or y a-t-il dans la nature un secret pour opérer ce partage en faveur du premier sans dépouiller le second ? Le trésor de celui-là ne sera-t-il pas composé de tout ce qui sera retranché sur la propriété de celui-ci ? La Providence n'a destiné la terre qu'à fournir la subsistance au nombre d'êtres à peu près qu'elle y place. Tant qu'ils possèdent par indivis, il n'y a ni riches ni pauvres ; c'est une communauté de privations, plutôt qu'une égalité de jouissances; mais, dès que le travail, l'industrie, tous les vices ou toutes les vertus de la société ont introduit l'usage des lots, des portes et des serrures, les richesses commencent, les privations se multiplient, et dans la suite elles ne peuvent plus s'accroître qu'en raison inverse les unes des autres (1). » Il ne se forme pas de nouveaux trésors pour la classe qui s'enrichit : elle ne fait que s'engraisser de ce qu'elle dérobe au nécessaire des autres. « Il ne peut se donner dans la capitale un nouveau carrosse qu'il n'y ait quelque charrue de détruite dans la province (2). » Et, quand les économistes modernes parlent de multiplier les jouissances, on le peut « sans doute pour ceux qui jouissent : mais ceux dont les privations deviendront les parties intégrantes de cet amas de bonheur prostitué à un autre, seront-ils fort heureux?... Le secret d'augmenter les richesses d'un peuple n'est que celui d'augmenter le nombre des malheureux. »

Somme toute, de la propriété, primitivement injuste, mais nécessaire à la constitution d'une société, naît une société dure, inégale et forcément écrasante pour les trois quarts de ceux qui la composent. Voilà la théorie de Linguet.

(1) *Réponse aux docteurs modernes*, t. II, p. 223.
(2) *Ibid.*, t. II, p. 224.

II

Mais jamais plus qu'aujourd'hui, le poids du
fardeau social n'a été lourd pour les petits.

Aussi le point faible de la société moderne,
celui sur lequel Linguet l'attaque le plus vivement, est la condition qu'elle crée aux travailleurs, aux hommes sans propriété. C'est là
qu'il a dirigé ses coups les plus violents ; personne, avant les socialistes modernes, n'a
montré plus d'énergie dans cette critique. Nous
avons vu ce qu'il pense de la société : « C'est
une pyramide où le poids augmente graduelle-
ment pour toutes les assises à partir de la
pointe qui ne supporte rien et pèse sur tout ;
mais il n'y a jamais eu de pays où la dernière
assise ait été aussi énormément surchargée
qu'en Europe, il n'y a jamais eu de siècle où
cette dépression se soit exercée avec moins
de ménagement que dans celui-ci (1). » Qu'est-
ce, en effet, que le manouvrier moderne, qui

(1) *Annales*, t. XV, p. 56.

forme cette dernière couche de la société ?
C'est l'héritier, le successeur des esclaves de
l'antiquité et des serfs du moyen âge ; mais
son sort est infiniment plus misérable que celui
de ses pères : « Les villes et les campagnes
sont peuplées d'une autre espèce de domestiques, plus répandus, plus utiles, plus laborieux, et connus sous le nóm de journaliers,
manouvriers, etc. Ils ne sont point déshonorés
par les couleurs brillantes du luxe ; ils gémissent sous les haillons dégoûtants qui sont la
livrée de l'indigence. Ils n'ont jamais de part à
l'abondance dont leur travail est la source. La
richesse semble leur faire grâce quand elle
veut bien agréer les présents qu'ils lui font...
Elle leur prodigue le mépris le plus outrageant...
Ce sont là les domestiques qui ont vraiment
remplacé les serfs parmi nous ; c'est sans contredit une très nombreuse et la plus nombreuse
portion de chaque nation. Il s'agit d'examiner
quel est le gain effectif que lui a procuré la
suppression de l'esclavage. Je le dis avec autant de douleur que de franchise : tout ce qu'ils

ont gagné, c'est d'être à chaque instant tourmentés par la crainte de mourir de faim, malheur dont étaient du moins exempts leurs prédécesseurs dans ce dernier rang de l'humanité (1). » En effet, l'intérêt du maître était de ménager ses esclaves, de les bien traiter, pour ne pas gaspiller ses propres ressources ; vivant avec eux, son humanité, pour peu qu'il en eût, s'intéressait à leur bien-être. Ce que nous appelons la misère n'existait pas alors, car il s'établissait nécessairement une proportion entre le prix des denrées et le travail manuel de l'esclave ; elle était telle qu'un esclave suffisait à la subsistance de son maître et à la sienne ; dans le cas contraire, son maître le vendait ou le louait ; c'est ainsi que nous en agissons encore avec nos animaux domestiques ; cette balance subsiste pour les chevaux parce qu'ils n'ont pas été assez malheureux pour qu'on les affranchît en faisant toujours dépendre leur subsistance de leurs services. Jadis un

____

(1) *Théorie*, t. II, p. 403 et suiv.

A. LICHTENBERGER. 6

homme ruiné, que nos lois actuelles condam-
neraient à la misère, pouvait devenir esclave
et reprenait ainsi quelque valeur aux yeux de
la société. Son maître le nourrissait, le soignait
dans ses maladies. Il faisait partie de la maison.

Lorsque la féodalité affaiblit les trônes, les
rois, pour se soutenir, appelèrent à leur aide
la multitude des serfs et des esclaves en faisant
valoir à ses yeux l'appât de la liberté. « Ils dé-
chaînèrent cette foule qui, connaissant la pe-
santeur des fers de ses maîtres et ignorant ce que
pèsent ceux des rois, se réunit avec transport
sous les enseignes de ceux-ci ; ce fut vraiment
le cheval des forêts qui se vengeait du cerf.
Ils ne tardèrent pas à sentir ce que devait leur
coûter cette satisfaction du moment (1). » En
vain ils virent bientôt les inconvénients de leur
liberté et refusèrent de se laisser affranchir ;
les rois brisèrent leurs chaînes de force et les
réduisirent à une condition nouvelle, qui n'a
fait depuis que devenir plus pénible. Nous arri-

______

(1) *Annales*, t. I, p. 94.

vons alors à la navrante peinture du manouvrier actuel. Dans nos temps modernes, « la société se trouva divisée en deux portions, l'une
des riches, des propriétaires de l'argent qui,
l'étant aussi par conséquent des denrées, s'ar-
rogèrent le droit exclusif de taxer le salaire du
travail qui les produisait, et l'autre des journaliers isolés qui, n'appartenant plus à personne,
n'ayant plus de maîtres ni par conséquent de
protecteurs intéressés à les défendre, à les soulager, se trouvèrent livrés sans ressources à
la discrétion de l'avarice même qu'ils enrichis-
saient. Pressés par la faim, ils couraient, comme
les Égyptiens du temps de Joseph, à ces greniers
dont elle gardait la porte. Ils firent avec elle
un traité bien plus onéreux que l'esclavage, un
traité qui ne leur laissa de la liberté que ce
qu'elle a d'accablant en leur enlevant toutes les
consolations de la servitude. Ils se soumirent
à ne retirer du travail le plus opiniâtre qu'une
solde à peine suffisante pour leur conserver la
vie pendant le jour qu'ils y sacrifient et à ne
pouvoir l'exiger le lendemain si personne n'em-

pruntait leurs bras encore languissants des fatigues de la veille : ils se soumirent à prélever sur cette somme déjà si modique leur entretien personnel, la nourriture de leurs femmes et de leurs enfants, les frais inséparables des maladies et de tous les actes civils... (1). » On fit retomber sur eux les charges les plus pesantes de l'État, car l'oppression avait beau jeu vis-à-vis d'êtres aussi dénués de défense. Mais ce n'est pas tout ; ce sort si dur s'est encore aggravé. « Ces inconvénients, sensibles dès le commencement, n'ont fait depuis que s'accroître. La variation dans les monnaies et dans le prix des denrées est devenue pour eux un fléau qui a passé tous les autres. Leurs salaires, comme je l'ai observé, ayant été réduits à la subsistance du jour laborieux, ne suffisaient pas à beaucoup près pour les nourrir dans les jours vacants. Mais, quand, avec la nécessité de payer de siècle en siècle beaucoup plus cher la vile et insuffisante subsistance qui faisait

(1) *Annales*, t. I, p. 94.

l'objet de leurs vœux, ils ont eu à subir les es-
croqueries de l'opulence..., leurs ressources,
déjà si faibles, se sont encore successivement
affaiblies ; et elles iront toujours en décrois-
sant ; car, comme je l'ai déjà observé dans la
Théorie des lois civiles (t. II, p. 482 et suiv.),
l'insuffisance même de la paye du journalier est
une raison pour la diminuer. Plus il est pressé
par le besoin, plus il se vend à bon marché.
Plus la nécessité est urgente, moins son travail
est fructueux. Les despotes momentanés qu'il
conjure en pleurant d'accepter ses services ne
rougissent pas de lui tâter, pour ainsi dire, le
pouls, afin de s'assurer de ce qui lui reste encore de forces : c'est sur le degré de sa défail-
lance qu'ils règlent la rétribution qu'ils lui
offrent : plus ils le sentent près de périr d'inanition, plus ils retranchent de ce qui peut l'en
préserver ; et les barbares qu'ils sont lui donnent bien moins de quoi prolonger sa vie que
de quoi retarder sa mort. Tel est cependant l'état
dans lequel languissent en Europe, depuis le
don empoisonné de la liberté, les dix-neuf ving-

tièmes de chaque nation (1). » — « C'est l'impossibilité de vivre autrement qui force nos journaliers à remuer la terre dont ils ne mangeront pas les fruits, et nos maçons à élever des édifices où ils ne logeront pas. C'est la misère qui les traîne sur ces marchés où ils attendent des maîtres qui veuillent bien leur faire la grâce de les acheter. C'est elle qui les réduit à se mettre aux genoux du riche pour obtenir de lui la permission de l'enrichir (2). » On prétend que les contrats de propriétaire à ouvriers sont conclus librement ; ils le seraient si ces derniers pouvaient demeurer quelques jours sans travailler pour se rendre nécessaires et poser leurs conditions sur un pied d'égalité. Mais ils ne le peuvent, et la nécessité de manger les oblige de céder. « S'il ne travaille pas aujourd'hui à tout prix, il sera dans deux jours mort d'inanition ; mais le retranchement qu'a souffert hier sa solde est une raison pour la diminuer demain (3). »

(1) *Annales*, t. I, p. 98 et 99.
(2) *Théorie*, t. I, p. 274.
(3) *Annales*, t. VII, p. 216.

Aussi le chiffre des salaires est-il devenu cruellement modique, et il résulte des observations que l'on peut faire que le travail libre est infiniment moins cher que le travail esclave. « Le manouvrier libre ne se paie que comme un homme, c'est-à-dire très peu de chose ; mais l'esclave coûte presque autant qu'un cheval, ce qui le rend bien autrement précieux et qui donne une tout autre cherté aux fruits de son travail ; car, ne cessons de le redire, malgré les glapissements des volières philosophiques, ce qui peut arriver de plus favorable à tout être portant la figure d'homme, mais condamné à gagner sa vie par l'emploi de ses bras, c'est d'être élevé à peu près au rang d'un bidet (1). »

Quant au marché actuel, « c'est à leurs tyrans [aux tyrans des ouvriers] seuls, qu'il est avantageux ; en augmentant l'indigence du pauvre, il a accru l'opulence du riche dans la même proportion. Celui-ci, garanti des non-valeurs

______

(1) *Annales*, t. V, p. 308.

que les maladies, l'intempérance des saisons, les obstacles de toute espèce pouvaient causer dans le travail des mains qu'il employait, a économisé tout ce qu'elles coûtaient autrefois au maître de l'esclave. Ce n'est plus la personne de l'homme actif industrieux qui a été estimée dans les comptes passés entre le propriétaire insolent et l'humble possesseur d'une liberté réduite à deux bras pour tout cortège ; c'est le profit effectif que le premier a pu tirer de l'emploi du second, et, dans cette évaluation, les minutes ont été soigneusement calculées ; le riche n'a plus payé que les moments qui lui ont été sacrifiés ; de sorte que ses trésors ne peuvent jamais qu'augmenter par ses dépenses et sont toujours accrus par l'intérêt usuraire des portions qu'il en détache (1). » C'est donc la plus misérable des existences que celle des travailleurs modernes. « Les esclaves avaient du moins celle d'esclaves ; c'était une classe un peu au-dessous de l'homme, mais enfin

(1) *Annales*, t. I, p. 101 et 102.

c'était cela. Les manouvriers ne sont rien, rien absolument (1). » En vain les richesses croissent autour d'eux, « ceux-ci sont sans cesse exposés à mourir de faim au milieu des amas de matières précieuses qu'ils emploient et des chefs-d'œuvre d'industrie qu'ils ne cessent de multiplier. Toujours mesquinement payés, toujours réduits à la subsistance du moment, lors même que la fabrique va le mieux, ils ne profitent point de sa prospérité. Et tout le risque de ses revers est pour eux (2). » On voit donc de quelle qualité est cette prétendue liberté qu'ils ont si chèrement payée : « Cette indépendance si célébrée est un des funestes fléaux qu'ait produits le raffinement des temps modernes (3). » — « En supprimant l'esclavage, on n'a prétendu supprimer ni l'opulence ni ses avantages. On n'a pas songé à remettre entre les hommes l'égalité originelle ; la renonciation que le riche a faite à ses prérogatives n'a été

(1) *Annales*, t. VII, p. 209.
(2) *Ibid.*, t. III, p. 217.
(3) *Ibid.*, t. XIII, p. 501.

qu'apparente. Il a donc fallu que les choses restassent, au nom près, dans le même état. Il a toujours fallu que la plus grande partie des hommes continuât de vivre à la solde et dans la dépendance de la plus petite, qui s'est appropriée tous les biens (1). » La liberté qu'ils ont gagnée n'est que celle de mourir de faim. « Il est libre, dites-vous ; eh ! voilà son malheur : il ne tient à personne, mais aussi personne ne tient à lui (2). » — « Les journaliers naissent, croissent et s'élèvent pour le service de l'opulence sans lui causer les moindres frais, comme le gibier qu'elle massacre sur ses domaines (3). » L'insensibilité des riches à leur égard est nourrie par la facilité qu'on a de les remplacer et par l'éloignement et l'isolement où ils vivent. « On ne le voit qu'en passant [le journalier], il souffre et meurt sans bruit dans sa chaumière : toutes faibles qu'en sont les murailles, ses gémissements ne sauraient les

(1) *Annales*, t. XIII, p. 495.
(2) *Ibid.*, t. XIII, p. 498.
(3) *Ibid.*, t. XIII, p. 499.

percer. L'opulence a fait un gain réel en le reléguant ainsi dans ses solitudes écartées. Elle a diminué les occasions d'éprouver une pitié involontaire qui l'aurait affectée désagréablement et qui aurait souvent blessé son avarice, en lui arrachant par importunité des secours dont elle ne pourrait se promettre d'autre part que le plaisir de les avoir donnés, c'est-à-dire celui dont elle est le moins jalouse. » — « C'est donc une triste ironie de dire que les ouvriers sont libres et n'ont pas de maître. Ils en ont un et le plus terrible,le plus impérieux des maîtres : c'est le besoin... Le pauvre n'est point libre et il sert en tout pays... Ils ne sont pas aux ordres d'un homme en particulier, mais à ceux de tous en général. » Ils sont les valets de quiconque a de l'argent. « A quoi se réduit pour eux cette liberté apparente dont vous les avez investis ? Ils ne subsistent que du loyer de leurs bras. Il faut donc trouver à qui les louer, ou mourir de faim. Est-ce là être libre ? Il faut prier, supplier, pour obtenir de l'emploi. Et vous nommez indépendants ceux qui ne vivent que de cette bassesse ! » Aussi, de cette comparaison entre les esclaves de jadis et les hommes libres de nos jours, une conclusion se détache nettement. « Il faut gémir sur la révolution survenue dans la société, sur l'état des choses qui, en paraissant honorer l'espèce humaine, a réduit les trois quarts des hommes au point d'avoir à envier le sort des animaux les plus utiles, dont il s'en faut bien qu'ils puissent partager la sécurité, même physique (1). » Que les esclaves d'Amérique ne gémissent donc point de leur sort et qu'ils craignent un affranchissement qui, infailliblement, les plongerait sous peu dans un état plus triste que celui qu'ils subissent.

III

Tout cet exposé de la condition actuelle du manouvrier est en même temps une critique indirecte de la doctrine des physiocrates. On voit avec quel esprit différent Linguet,

(1) *Annales*, t. XIII, p. 501-503.

parti d'un point de vue analogue, interprète la manière dont s'établit la balance entre le propriétaire et le salarié. Il met autant d'ardeur à montrer les inconvénients et les injustices de « la loi d'airain du salaire » que ses émules à en proclamer l'utilité et la légitimité. Il fut un des plus zélés adversaires de l'école physiocratique, et si, souvent, son ignorance économique et son esprit paradoxal l'ont induit en de faux raisonnements, il faut reconnaître cependant qu'il eut plus d'une fois raison contre eux, parce qu'au lieu de se renfermer dans des spéculations abstraites et des formules théoriques, il étudia sur le vif et dans la réalité l'effet des lois économiques sur la matière humaine qu'elles régissent. Indiquons rapidement quelques-uns de ces points de conflit qui ont rapport à notre sujet.

Les économistes prônent l'agriculture, et ils vantent en particulier la culture du blé comme la meilleure et la plus productive des formes du travail. Linguet entreprend de démontrer contre eux qu'elle ne s'est développée en Europe que parce qu'elle asservit davantage le travail au propriétaire ; il s'élève contre « les plaines prostituées au labourage ». « Chaque sac de blé arraché de plus à la terre y fait germer un pauvre (1). » L'homme, lié à la terre par le cercle ininterrompu de ses travaux, par la modicité de ses salaires, par les préjugés qu'on lui a inculqués, par son indigence qui l'empêche de faire des provisions dans les temps d'abondance, est une proie facile pour le riche qui regarde la faim du pauvre comme une source de richesse pour lui. La culture du blé et la fabrication du pain (qui est un aliment malsain) nuisent à la population, à l'esprit national et à la prospérité publique : plus que jamais, lorsque règne le système de la grande culture que préconisent les économistes et où il y a moins encore de propriétaires et plus de manouvriers.

Mais, dans les pays à blé, il faut au moins que le travailleur soit assuré de trouver tou-

(1) *Annales*, t. V, p. 447.

jours à un prix modéré et constant ce soutien nécessaire de la vie ; aussi est-ce sur la question de la liberté du commerce des blés que Linguet dirige une de ses plus violentes attaques et confine de nouveau au socialisme. Les économistes veulent 'une liberté perpétuelle du commerce et le haut prix des grains ; ils prétendent, en effet, que, quand le blé augmente de prix, 1° les dépenses des propriétaires s'accroissent, et 2° les salaires, augmentant en conséquence, se proportionnent au prix des denrées. Erreur, s'écrie Linguet : « De ces deux raisonnements, le premier est une méprise affreuse et le second une bien terrible fausseté. D'où vient, je vous prie, ce surcroît de richesse subit qui remplit tout d'un coup les coffres du propriétaire de blés ? Du haussement de leur prix. Et qui a supporté cette augmentation ? Le mercenaire, sans doute, puisque, ne recueillant pas de grains et n'ayant pas de subsistance, ce n'est qu'avec de l'argent qu'il s'en procure. Ainsi, c'est donc sur lui qu'a été prise cette richesse dont, à vous entendre, l'excédent est employé à le soulager ; ainsi, avant de voir hausser son salaire et multiplier les occasions de travail, il a fallu qu'il vit hausser sa nourriture et doubler les frais de son ménage ; pour se préparer une augmentation incertaine, il a fallu qu'il commençât par en supporter une très réelle ; c'est sur son salaire à quinze sols par jour qu'il a été obligé de donner au propriétaire de quoi lui en payer trente (1) ». D'autre part, le propriétaire, une fois enrichi, ne paie souvent pas davantage et ne fait pas plus travailler. Depuis que le prix du blé a doublé, les salaires n'ont pas crû dans la même proportion ; le navrant exemple de l'Artois le prouve. Il arrive que le propriétaire se contente de dépenses de luxe stérile, qu'il thésaurise ; ou bien, par prudence, il n'ose accroître le salaire, prévoyant la difficulté qu'il y aura à l'abaisser plus tard. Souvent encore le travailleur dépend d'un bourgeois qui, lui aussi, souffrira de l'enchérissement du grain et ten-

(1) *Annales*, t. VII, p. 213 et suiv.

dra par conséquent plutôt à diminuer ses con-
sommations qu'à les accroître. On a des exemples de propriétaires de blé qui, payant leurs
ouvriers en nature quand le blé est à quinze
livres, leur donnent le même salaire en argent
quand le blé a doublé le prix. Il vaudrait encore
mieux pour le mercenaire être toujours payé
en nature, car actuellement « ce n'est plus la
denrée qu'on leur donne, ce n'est pas même la
moitié de sa valeur ; ces infortunés, rentrés
chez eux, exténués par le même travail, n'y
rapportent plus qu'une partie de la récompense. Ils sont ruinés parce que leurs maîtres
sont riches, et meurent de l'opulence de leurs
tyrans ». On ne paie le pauvre qu'après qu'il a
payé, et « c'est de son nécessaire physique que
se forme le superflu dont on lui rend, suivant
vous, avec le temps une partie. » Vous regar-
dez l'opulence du riche comme étant la source
de la vie du mercenaire. Non, « point du tout,
c'est la vie du mercenaire qui doit faire leur
opulence, en supposant qu'il faille en effet
qu'ils soient riches ; vous avez raisonné préci-

sément comme un homme qui voudrait qu'une rivière entretînt les ruisseaux dont elle est formée, au lieu que ce sont les ruisseaux qui entretiennent la rivière (1) ».

Prétendre qu'il faut considérer les hommes comme acheteurs et non comme consommateurs, c'est une « maxime affreuse... en ce qu'elle compromet l'existence de ce journalier ; il n'a à vendre que le loyer de ses bras, dont on peut se passer deux jours, trois jours ; et on lui vend du pain dont il ne peut se passer vingt-quatre heures (2). » L'impossibilité où sa pauvreté le met de faire des provisions est cause que, seul entre tous, il souffre absolument de toutes les variations de prix. En résumé, « en deux mots, la réfutation de vos longs et absurdes raisonnements sur tous ces objets de vos calculs, de vos tableaux économiques, de vos tableaux de comparaison, c'est qu'on ne paie le pauvre qu'après qu'il a payé. La surcharge qu'il éprouve est certaine et présente,

(1) *Réponse aux docteurs modernes*, t. II, p. 203.
(2) *Du pain et du blé*, p. 85.

le soulagement que vous lui promettez est in-
certain et éloigné : donc toute augmentation
dans le prix du pain, si elle n'est pas précédée
du haussement des salaires, est affreuse ; c'est
la plus funeste méprise qui ait jamais pu être
commise en politique (1). » On a créé des sociétés pour maintenir les fourrages à des prix
uniformes ; que le gouvernement fasse pour
les hommes ce qu'on a fait pour les chevaux :
qu'il établisse un prix bas et invariable pour le
blé. Ce qu'il faut entendre par ce terme, le
voici : « En général, le prix du blé est bas et,
par conséquent, au taux où il doit être quand,
suivant la proportion établie entre celui de
toutes les autres denrées, le manouvrier peut
suffire avec sa paie journalière à vivre avec sa
famille sans que le cultivateur, des mains de qui
le blé sort, risque de ne pas retirer ses avances
et un profit honnête. » Ce prix existait avant
la fatale année de 1764. « D'après les propor-
tions relatives établies entre tous les objets de

(1) *Réponse aux docteurs modernes*, t. II, p. 83 et suiv.

consommation, le manouvrier pouvait vivre partout, comme il vit, bien entendu, c'est-à-dire un peu plus mal que les chevaux, parce que ces animaux ne paient ni leur bourrelier ni leur maréchal et que ce n'est pas sur leur ration qu'on prend de quoi raccommoder le chariot (2). » Le premier devoir de l'État, actuellement, est de rétablir le juste prix des grains, et toutes les lois doivent plier devant celle de la subsistance du peuple, car celle-ci est la seule condition imprescriptible du pacte social.

Les partisans de la liberté du commerce des grains prétendent que c'est violer le droit sacré de la propriété que de contraindre le propriétaire à céder son blé pour un prix qui ne lui convient pas. C'est ici que Linguet riposte par une théorie très nette, très hardie et socialiste au premier chef, qu'il se rende compte ou non d'ailleurs des conséquences logiques qu'elle entraîne. Elle est partagée par Necker dans son

(1) *Réponse aux docteurs modernes*, t. II, p. 186-187.

livre : *Sur la législation et le commerce des grains* (1775). Elle conclut à une limitation légitime de la propriété devant l'intervention de l'État. Quelle est en effet, se demande Linguet, la situation du manouvrier affamé vis-à-vis du riche qui refuse de lui donner possibilité de gagner sa nourriture ? « Tout être vivant a un titre pour exiger des aliments : ses dents et son estomac ; voilà sa patente, il la tient de la plus respectable des chancelleries. Son premier devoir, un des plus sacrés peut-être au physique, c'est de veiller à sa conservation ; c'est de chercher la subsistance. La société a pu restreindre ce droit, elle a pu fixer la manière de le faire valoir, exiger des équivalents, en modifier l'exercice ; mais elle n'a pas pu l'anéantir. De là suit, d'une part, pour les propriétaires des objets nécessaires à la vie, la défense de pousser la rigueur de leurs droits et le principe exclusif de leur possession au point d'exposer à mourir de faim ceux qui n'en possèdent aucune, et de l'autre, pour les gouvernements, l'obligation de veiller à ce que l'avarice des uns ne puisse jamais compromettre l'existence des autres, à tenir entre la richesse et l'indigence la proportion telle que celle-ci, toujours pressée d'offrir son travail à l'autre, soit au moins aussi toujours certaine, en échange de ses fatigues, de recevoir de quoi payer sa nourriture (1). » Voilà l'intervention de l'État nettement réclamée pour fixer le salaire de l'ouvrier ou le prix des grains. Comment, théoriquement, justifier cette violence envers les propriétaires? « Il serait affreux de décider qu'une nation entière ou la partie la plus essentielle des individus qui la composent doit être sacrifiée impitoyablement au caprice intéressé d'un ou de plusieurs avares qui mettraient des conditions impossibles à l'ouverture de leurs greniers. La grande loi, la plus sacrée de toutes les lois, c'est *le salut du peuple*. La première de toutes les propriétés, c'est celle de la vie. Il n'y a plus de droits, il ne peut plus y en avoir dès qu'elle est compromise par la faim, et, dans ce cas

(1) *Annales*, t. VII, p. 203 et 204.

terrible, les cris des malheureux iraient appeler la foudre pour enfoncer ces magasins impitoyables, si l'administration trop aveugle s'obstinait à les défendre (1). » Car dans ce cas les grains appartiennent à la communauté : « Le prétendu propriétaire n'en devient plus que le gardien (2). » En effet, on ne saurait régler le commerce d'une denrée nécessaire sur les mêmes maximes que celui de toute autre denrée : « La différence est absolue par le fait entre ce présent de la nature, dont l'habitude fait une nécessité exclusive et journalière, et les productions de l'industrie, dont l'usage n'est jamais indispensable et dont l'achat peut toujours être différé. Mais je vais plus loin. Dans le droit, cette différence n'est pas moins réelle : la propriété même du blé et de la terre qui le produit est soumise à des conditions ; il en résulte des engagements dont les autres espèces de biens ne sont pas grevés (3). » Ils n'y parti-

(1) *Journal politique et littéraire*, t. I, p. 232.
(2) *Annales*, t. VII, p. 223.
(3) *Ibid.*, t. VII, p. 229.

cipent qu'à proportion qu'ils sont nécessaires à la vie.

Le premier devoir de tout être est de vivre : les corps politiques l'ont comme les individus. Toutes les prérogatives qui existent ne peuvent donc avoir pour but que leur conservation ; sans quoi il y a contradiction, et la société se dissout d'elle-même. Sans doute la propriété est un droit sacré. Mais, dans de tels cas, il faut se rappeler que « toutes les propriétés particulières sont subordonnées à la grande propriété générale qui en est composée (1). » Il y a des circonstances où méconnaître la propriété individuelle n'est pas la violer : c'est quand elle compromet l'existence publique. Alors « la propriété partielle du maître de quelques sacs de grains est subordonnée à la propriété universelle qu'a tout un peuple en corps sur le terrain qu'il occupe et sur les fruits qui y croissent ». En supposant la société formée par une convention, jamais il n'a pu être

(1) *Annales*, t. VII, p. 232.

stipulé de propriété absolue. Les pauvres « ont renoncé à rentrer dans leur ancienne possession indivise tant que, par leur travail ou par celui d'autrui, ils pourraient se procurer des aliments ou de l'abri contre les injures de l'air. Mais, à l'instant où toute ressource à cet égard leur manque, la haie et la grange redeviennent communes, du moins tant que le besoin existe et qu'une nécessité absolue place les voisins du propriétaire entre l'infraction et la mort ». On sacrifie alors au maintien de la société sa loi fondamentale. D'après un raisonnement analogue, Linguet affirme ailleurs (1) le droit des ouvriers, en temps de disette, d'être nourris par les patrons dont ils ont créé la richesse. L'on voit jusqu'où il étend sa théorie : il n'hésite pas à justifier logiquement le vol par la faim et, d'une manière générale, proclame hautement le droit à la subsistance, la nécessité de l'intervention de l'État et son domaine éminent sur les biens de ses citoyens.

(1) *Annales*, t. XIII, p. 218 et suiv.

La conclusion de cette étude sur la classe des travailleurs et les lois économiques qui la gouvernent est, en somme, que le manouvrier, quoi qu'on fasse, est véritablement le paria de l'Europe moderne. Il se trouve en toute chose au-dessous des autres hommes. A-t-il contestation avec plus riche que lui, les tribunaux lui donnent tort. Est-il réduit au dernier terme de la misère au point de tendre la main, il tombe sous le coup du « crime de mendicité... » — « Le crime d'avoir un estomac et point d'argent ! Le crime de ne trouver personne qui veuille louer des bras de l'emploi desquels les règles sociales font dépendre la subsistance du corps auquel ils appartiennent ! (1) » Le journal de Linguet est plein d'appels chaleureux en faveur de cette dernière classe de l'humanité dont, dit-il, le sort n'est nulle part aussi misérable qu'en France. Tantôt il exhorte les maîtres de Lyon à nourrir leurs ouvriers dans les chômages résultant des crises de surproduction, tantôt il pro-

____

(1) *Annales*, t. XIII, p. 273.

pose un prix pour le meilleur mémoire que l'on remettra sur l'extinction de la mendicité. Il faut reconnaître, à l'honneur de Linguet, qu'il s'occupe activement des malheureux, et ce n'est peut-être pas sans quelque droit qu'à la veille des États généraux (juillet 1788) il se déclare l'interprète des vœux du quatrième ordre : « Le malaise général des classes inférieures en Europe a produit, écrit-il, la fermentation presque universelle que j'avais annoncée dès les premières lignes de cet ouvrage. Il se peut que tout le monde ait des raisons de se plaindre : mais, dans ce moment où il s'agit en France d'une assemblée destinée à opérer une réforme générale, il faut qu'il y ait au moins un interprète des gémissements· de la classe la plus nombreuse, la plus maltraitée et la plus dépourvue des moyens de se faire entendre (1). »

IV

Terrible est donc le spectacle que présente actuellement la société : d'un côté, un petit

(1) *Annales*, t. XV, p. 38 et 39.

nombre de riches heureux et, de l'autre, une multitude opprimée et souffrante. Cet état peut-il se prolonger ? Malgré l'énergie avec laquelle Linguet stigmatise les violences et l'égoïsme des riches et plaint le sort de leurs victimes, nulle part il ne prêche la révolte, nulle part il ne paraît penser que ses théories puissent y exciter. « C'est un ouragan qui l'a formée [la société] ; mais qui de nous voudrait courir les risques du tourbillon qui remettrait les choses dans leur premier état ? L'intérêt et le vœu commun est qu'elles restent dans celui où elles se trouvent, et voilà d'où naît l'obligation de ne pas changer (1). » Une société quelconque est par définition pétrie d'inégalité et de souffrance. Que faire donc en présence de l'état actuel des choses ? Il faut d'abord éviter de le prôner. « Les déclamations [du riche] contre la servitude ressemblent aux cris que jette un oiseau de proie en déchirant la colombe qu'il a liée dans ses serres (2). » Ne vantons pas la liberté

(1) *Théorie*, t. II, p. 356.
(2) *Ibid.*, t. II, p. 518.

de notre société moderne. « Ne disons pas qu'elle fait des heureux, ou, du moins, avouons qu'elle ne contribue au bonheur que de l'opulence. En songeant à ce qu'elle nous vaut, devenons un peu plus compatissants envers la classe à qui elle ne vaut rien. Nous autres écrivains, surtout, rappelons à la richesse, qu'elle enrichit, les devoirs que lui impose le prodigieux bénéfice qu'elle en retire. Gardons-nous de l'endurcir par des panégyriques aussi faux qu'inconsidérés ; sur cette matière au moins, ne parlons pas tant philosophie et soyons un peu plus humains (1). » Le sage ne peut donc que conseiller quelques améliorations et répéter tristement au misérable : « Souffre et meurs enchaîné, c'est ton destin ; la société vit de la destruction de la liberté comme les bêtes carnassières vivent du meurtre des animaux timides... Sois content de ton partage, puisque tu ne peux en espérer un autre (2). « Il faut dans la société des grands qui jouissent, des

(1) *Annales*, t, XIV, p. 88.
(2) *Théorie*, t. II, p. 519.

petits qui soient privés ; faire la guerre pour obtenir un autre arrangement, c'est une folie (1) ». Aussi « la philosophie qui l'exhorte [le paysan] à la patience est-elle bien plus raisonnable que celle qui l'encourage à la révolte (2) ». Le parti qu'a pris l'auteur est le plus sensé : il montre à tous la vérité. « Je présente aux malheureux individus qui forment la dernière classe de la société, et qui en portent tout le poids, l'idée consolante que leur état n'est pas naturel, que c'est une usurpation de leurs droits, que, si eux ou leur postérité ont le courage un jour de s'en ressaisir, rien ne les en empêchera (3) ». Mais en même temps on leur fait voir les raisons qu'ils ont de demeurer en repos. Les écouteront-ils toujours ? On peut en douter : « C'est un des plus étonnants et en même temps un des plus heureux effets de la Providence que le désespoir ne fasse pas tourner la tête à cette multitude immense de

(1) *Annales*, t. III, p. 313.
(2) *Théorie*, t. II, p. 521.
(3) *Réponse aux docteurs modernes*, t. I, p. 116.

créatures humaines qui, s'endormant le soir, ne savent si le lendemain elles auront l'occasion de gagner de quoi manger du pain (1). » Précisément, nous l'avons déjà dit, leur sort est de nos jours plus terrible que jamais ; les souffrances semblent dépasser leur faculté d'endurer. Et voici dans quels termes Linguet annonce vaguement la grande révolution sociale de l'avenir : « Jamais les privations n'ont été plus universelles, plus meurtrières pour la classe qui y est condamnée ; jamais peut-être, au milieu de sa prospérité apparente, l'Europe n'a été plus près d'une subversion totale, d'autant plus terrible que le désespoir en sera la cause, ou d'une dépopulation d'autant plus effrayante que nous n'aurons plus pour la réparer les ressources qu'ont eues nos ancêtres dans des cas à peu près pareils. Nous sommes arrivés, par un chemin directement opposé, précisément au point où se trouvait l'Italie quand la guerre des esclaves l'inonda de sang

____

(1) *Théorie*, t. II, p. 483 et 484.

et porta le carnage et l'incendie aux portes de la maîtresse du monde (1). » Déjà, en Bohême et en Italie, des révoltes éclatent ; en France les troubles sont fréquents, les infortunés voient obscurément le but à atteindre, et peut-être le moment approche où un nouveau Spartacus appellera ses frères à la conquête de la vraie liberté, et, « brisant les lois meurtrières et trompeuses qui la font méconnaître, obtiendra pour les uns un partage absolu des biens de la nature, et pour les autres la restitution de cette douce sécurité qui assurait aux esclaves le repos de l'esprit en échange de la richesse qu'ils laissaient à leurs maîtres, et une vie paisible en récompense de la domination dont ils acceptaient le joug (2) ». On a changé dans la manière d'envisager l'œuvre de la révolution sociale, mais il faut reconnaître que Linguet en a vu les causes et compris l'origine.

Telles sont les idées principales que contient l'œuvre de Linguet sur la propriété, la société

(1) *Annales*, t. I, p. 345.
(2) *Ibid.*, t. I, p. 102.

et la condition des ouvriers. On voit clairement, au terme de cette étude rapide, comment notre auteur peut être rattaché à l'histoire du socialisme et dans quelle mesure il en est un précurseur. C'est uniquement par le côté négatif qu'il est de l'école socialiste. Comme elle, il montre l'injustice de la propriété privée, les vices de la société moderne, l'horreur du sort du quatrième État. Mais, de ces analyses parfois pénétrantes pour l'époque et cruelles que nous avons reproduites, il ne prétend tirer aucune conclusion pratique ; les remèdes qu'il propose sont insignifiants, et son étude éveille chez lui des regrets pour un état antérieur de moindre souffrance plutôt que des vœux pour une amélioration future. Ce n'est pas par prudence, par respect des puissances établies, qu'ils'abstient de rechercher la possibilité d'un nouvel ordre de choses. Sincèrement, on en a la conviction en le lisant, il ne croit point le bonheur général possible, et son pessimisme est exempt d'arrière-pensée. De ce côté donc, il n'apporte rien de nouveau à la formation du dogme socialiste. Mais cette absence de conclusions pratique amoindrit à peine l'importance de son rôle de précurseur ; car il annonce vraiment le socialisme dans ce qu'il a de plus redoutable et de plus juste, dans sa critique. La vivacité et l'énergie de ses analyses sont bien autrement dangereuses pour l'ordre établi que des essais de constructions abstraites et des plans d'utopies imaginaires. Il a contribué activement à l'ébranlement des vieilles théories sur la propriété et la société ; il n'a pas proposé d'organisation nouvelle, mais son œuvre, qu'il le veuille ou non, tend à en inspirer le désir et à en montrer la nécessité. Aussi occupe-t-il une place toute particulière parmi les précurseurs du socialisme. Au xviiie siècle, d'une part, tandis que la plupart s'efforcent à l'envi de tracer des Salentes imaginaires et se livrent à des spéculations communistes très hasardées, il se renferme dans une critique purement négative du système social existant. En second lieu, il n'est pas un moraliste ; je veux dire que, pendant que la grande majorité de ses contemporains sont amenés à prêcher le communisme par un désir de pureté morale, par une admiration sans bornes pour un état de nature imaginaire, Linguet, à part quelques hypothèses contestables sur l'origine des sociétés, consacre presque toute son œuvre à étudier le sort des hommes vivants, des ouvriers et des paysans, et à discerner le mécanisme de leur condition. A ce double titre, il se rapproche des socialistes modernes industriels, plutôt que de la première école socialiste française, et c'est un des rares écrivains antérieurs à 1789 dont on puisse dire avec quelque fondement qu'il est plutôt un précurseur de Karl Marx qu'un ancêtre de Fourier ou de Leroux.

VI

CHARLES-ROBERT GOSSELIN

UN PRÉCURSEUR DU SOCIALISME AGRAIRE

Les deux années qui précédèrent la réunion des états généraux de 1789 furent singulière-ment fécondes en brochures et en pamphlets où l'on traita la plupart des questions qui furent agitées ou tranchées pendant la Révolution. La seule inspection des catalogues de la Bibliothèque Nationale témoigne de l'intensité de la production littéraire à cette époque, comparativement aux années précédentes. Parmi cette foule d'écrits, dont la plupart n'ont qu'un intérêt de circonstance, je voudrais en signaler un qui fit peu de bruit, semble-t-il, et fut vite oublié alors, mais qui mérite notre attention par les questions dont il s'occupe. Laissant de côté la religion et la politique qui sont à l'ordre du jour, c'est sur la « question sociale » que l'auteur porte son attention : l'inégalité des biens, d'où naissent l'indigence et la richesse, voilà pour lui le grand mal, celui qu'il faut guérir au plus tôt. La manière dont il traite son sujet et les solutions qu'il propose doivent lui valoir d'être compté parmi les précurseurs du socialisme moderne. Il a d'ailleurs, nous allons le voir, une attitude assez personnelle et particulière parmi les écrivains qui, avant ou pendant la Révolution, attaquèrent l'organisation traditionnelle de la propriété et de la richesse.

Avant d'analyser l'œuvre, deux mots sur l'écrivain. Le livre est anonyme, mais Barbier nous donne le nom de l'auteur : Charles-Robert Gosselin. On trouve une notice biographique sur lui dans l'*Annuaire nécrologique* de Mahul pour l'année 1820 et la bibliographie de ses œuvres dans la *France littéraire* de Quérard. « Il naquit en 1740, de parents agriculteurs, à la Folie, près de Caen. Disciple de l'abbé d'Etemare, il adopta ses principes religieux et la plupart de ses idées sur l'interprétation des saintes Écritures. Après s'être livré au soin de l'éducation de la jeunesse avec zèle et succès, il se retira tout à fait du monde et vécut retiré depuis la Révolution à Maurecourt, département de Seine-et-Oise, sur une petite propriété qu'il avait acquise du fruit de ses travaux et de ses économies ; cultivant lui-même son champ, il se délassait des travaux de l'agriculture par l'étude des lettres et de la religion, dont il pratiquait fidèlement les préceptes... Gosselin était de ce petit nombre d'hommes en qui les idées religieuses s'allient aux saintes idées de la liberté politique. Il est décédé à Maurecourt dans la quatre-vingtième année de son âge, le 26 septembre 1820 (1). » — Ses ouvrages imprimés sont au nombre de trois. En 1785, il publia un *Plan d'éducation*, où l'on trouve déjà indiquées quelques-unes des idées socialistes qu'il développa plus tard. En 1787 parut

(1) Mahul, *op. cit.*, p. 117 et 118.

la brochure qui nous occupe, et en 1807 : *l'Antiquité dévoilée au moyen de la Genèse, source et origine de la mythologie et de tous les cultes religieux.* Les deux premières de ces publications et la première édition de la troisième sont anonymes. Ses œuvres manuscrites sont plus nombreuses et, presque toutes, traitent de religion. Il avait laissé sur le mariage un traité « que des hommes respectables le détournèrent de publier, parce que les principes ne leur en parurent point parfaitement exacts. Sa détermination à cet égard prouve la droiture de ses intentions (1). »

De ces détails et de ces écrits eux-mêmes la physionomie générale du personnage se dégage assez nettement ; nous avons affaire à un fils de paysans, qui a peiné lui-même pour gagner sa vie et a souffert personnellement des abus et des inégalités ; il se trouve être en même temps un de ces rêveurs modestes, sincères, honnêtes et laborieux, qui vivent loin des événements

(1) Mahul, *op. cit.*, p. 118.

dans les livres. La lecture des écrivains anciens surtout, celle de quelques philosophes et ses sentiments d'homme du XVIIIᵉ siècle lui suggèrent des remèdes, très beaux et très humanitaires en théorie, souvents violents, impraticables et inefficaces dans la réalité. D'ailleurs, le roi et la religion lui restent sacrés, et, une fois sa brochure lancée, il rentre pour le reste de sa vie dans ses méditations théologiques.

L'ouvrage en question a pour titre : *Réflexions d'un citoyen adressées aux notables sur la question proposée par un grand roi* [Frédéric II] : « En quoi consiste le bonheur des peuples et quels sont les moyens de le procurer ? » *Ou sur cette autre :* « D'où vient la misère ? et quels sont les moyens d'y remédier ? » — Paris, 1787, in-8.

L'auteur commence par exposer dans une courte préface pourquoi il écrit : « Jusqu'ici les riches et les écrivains mercenaires soudoyés par eux ont été en possession de faire part au public de leurs rêveries, touchant le bonheur des peuples. N'est-il pas temps qu'un homme sans titre, sans bien et sans ambition fasse aussi connaître ce qu'il pense sur un article qui l'intéresse autant que personne ? » — « N'étant rien, il n'aura en vue que le bien public : ne tenant à rien, il ne sera point tenté de rapporter tout à soi ou à quelque corps particulier. » Il partage donc les qualités des trois grands législateurs de l'antiquité, Joseph, Moïse et Lycurgue.

Après cet exorde, nous entrons en matière. Gosselin lui-même divise nettement son livre en trois parties : il cherchera d'abord à découvrir en quoi consiste le bonheur de l'homme en société ; ensuite il traitera des moyens de le procurer ; dans une troisième partie, il réfutera ceux qu'indiquent à cette fin les philosophes « prétendus économistes ». De ces trois chapitres, le principal pour nous est le second ; le dernier ne se rattache qu'à peine au sujet principal.

Un fait est à constater partout : l'homme, qui est né pour le bonheur — (ce serait blasphémer que soutenir le contraire) — est partout malheureux ; les moralistes et les philosophes ont proposé inutilement bien des remèdes ; en vain

ils ont cru trouver le secret de la félicité dans
la forme du gouvernement ; on les a toutes
essayées, et l'homme s'est toujours senti à peu
près également malheureux. Analysons ses
maux : ils sont de deux ordres, d'ordre physique
et d'ordre moral. Ces derniers sont incontestablement la cause des premiers. Or le principal
des vices moraux est la cupidité, qui en produit
beaucoup d'autres et qui, dans l'ordre physique,
engendre l'inégalité des biens ; de celle-ci dé-
coulent l'indigence et la richesse, qui sont les
principaux maux physiques et donnent naissance également à d'autres. En effet « qu'est-ce
qu'un indigent? Un être qui sans rien posséder
est personnellement esclave ou libre : esclave,
il ressemble à la brute ; libre, il devient mercenaire et dépend, pour sa nourriture, des fantai-
sies de ceux qui daignent l'employer ». C'est un
être errant, sans patrie, qui, forcé de se plier
aux caprices d'autrui, perd bientôt tout caractère moral. « Qu'on ne pense pas qu'il soit plus
attaché aux lois de la société dans laquelle il
vit, quand il éprouve si souvent qu'elles sont

toutes faites contre lui ». Il arrive fatalement au vol et à ses conséquences. Cet état est presque général en Europe depuis que les serfs ont été affranchis sans qu'on ait assuré leur subsistance ; cet affranchissement, bon en lui-même, est actuellement presque illusoire. « La liberté dont jouissent la plupart des hommes ne vaut rien, parce qu'étant libres personnellement en apparence, ils sont réellement esclaves par leurs besoins. » Quant au riche, il n'est pas heureux non plus : les richesses, qui lui permettent de satisfaire certains besoins, lui en créent d'autres artificiels, et qu'il ne peut assouvir. Le sort de l'ambitieux est analogue au sien. Ainsi l'indigent et le riche, le faible et le puissant sont également éloignés du bonheur. Que faire pour les en approcher ? Il est inutile de leur donner des leçons morales ; le riche ne peut qu'être orgueilleux et se dira toujours comme Sardanapale : « Bois, mange, réjouis-toi, le présent seul est réel, l'avenir est un songe. » Quant au pauvre, en vain les prédicateurs lui prêcheront la morale et tonneront contre les abus de la société : leur éloquence ne servira de rien tant que subsisteront nos constitutions absurdes. Il faut que les gouvernements les corrigent. « Ils veulent que nous pratiquions la vertu, qu'ils commencent par nous en aplanir le chemin. » Et pour cela, que faire ? En vain on multiplierait les lois contre le crime et les récompenses pour la vertu ; les premières sont déjà trop nombreuses, les secondes ne le sont jamais assez. En vain on ordonnerait la suppression des métaux précieux, des meubles de luxe, etc. ; la richesse n'en subsisterait pas moins sous d'autres formes, et le pauvre dépendrait toujours du riche ; le luxe est d'ailleurs nécessaire dans la société actuelle ; car que deviendrait l'indigent sans les jouissances superflues que se donne le riche ? Abandonner l'agriculture pour retourner à l'état de nature, ce serait nous condamner à bien des privations, et réveiller des passions sauvages. « Non, le bonheur de l'homme n'exige ni le sacrifice de nos richesses, ni le renoncement aux douceurs de la vie sociale, ni l'abandon de la culture de nos champs. Et que demande-t-il donc ? Rien autre chose, sinon qu'ils soient partagés de telle sorte, que tous en travaillant puissent y trouver une subsistance assurée. » Le travail est nécessaire, mais il faut que l'homme en retire sa subsistance, sans quoi il est réduit à l'alternative de la mendicité et du brigandage. En somme, l'opulence et la pauvreté sont contraires au bonheur ; il n'existe que dans la médiocrité : « C'est donc vers toi, précieuse médiocrité, que doivent tendre tous nos vœux et nos désirs. Si nous parvenions à te placer sur la terre, nous aurions trouvé le véritable secret de rendre les peuples heureux. Or, comme le plus grand obstacle que nous puissions rencontrer sur nos pas est le goût des superfluités et du luxe, auquel a donné naissance l'inégalité des fortunes, c'est donc cette inégalité qu'il faut s'attacher à combattre. » Somme toute : l'homme est fait pour le bonheur ; il en est séparé par ses vices qui créent des maux divers. La cupidité est le principal, qui engendre l'inégalité des fortunes : empêchons la cupidité d'agir en supprimant et en rendant impossible cette inégalité, et l'homme sera heureux. Tel est le raisonnement de cette première partie. La seconde va nous donner les moyens pratiques d'arriver à ce résultat rêvé.

Comment, d'abord, détruire l'inégalité ? Elle n'est pas une suite du péché originel ; elle dérive d'un vice, la cupidité, que nous avons le droit de réprimer. Rousseau a bien montré comment l'homme est parti de la nature pour arriver à l'état actuel ; mais il conclut à tort qu'il n'est pas fait pour vivre en société. Il faut supprimer l'inégalité, mais non la société. Les communistes ne sont pas dans le vrai non plus. En cela, Gosselin se sépare de la plupart des utopistes sociaux du xviii° siècle : il attaque assez vivement les divers essais de communauté, qui suppriment l'initiative individuelle et l'énergie.

Que faire alors ? Gosselin n'hésite pas : « Pour moi, sans chercher à m'égarer par de vains détours, je dirai tout uniment que le plus court moyen de détruire l'inégalité serait de remettre tous les biens en commun, afin d'en faire un partage égal, à l'exemple du législateur de Sparte. Chacun vivrait heureux de sa part... Quelle injustice, s'écriera-t-on, de vouloir ôter à l'un ce qui lui appartient pour le donner à d'autres ! » A ceci l'auteur répond : « Que celui qui fera cette objection se mette à la place du pauvre, et bientôt il cessera de crier. » Mais il ne se contente pas de cet argument tant soit peu brutal, et il appuie la légitimité de cette dépossession sur une théorie particulière de la propriété : on l'aperçoit très nettement en rapprochant de celui-ci plusieurs passages de la réfutation des économistes et du *Plan d'éducation*.

Cette théorie est entièrement socialiste.

La propriété n'est pas un droit primitif et sacré ; écoutez la voix de la nature « qui a gravé dans le cœur de tous les hommes, et non sur des tables d'airain, que nulle terre n'appartient en propre à celui qui la cultive, mais à Dieu, c'est-à-dire à la communauté, et que les particuliers n'en sont que les usufruitiers. Quand je parle de la communauté, j'entends la totalité du genre humain et non une portion quelconque de ce grand tout, n'étant pas plus vrai de dire que telle ou telle région appartient à tel ou tel peuple à l'exclusion des autres, qu'il ne l'est d'avancer que tel ou tel terrain appartient à Pierre plutôt qu'à Paul, en sorte que, si une nation venait à avoir une population surabondante relativement à ses possessions, pendant que sa voisine aurait plus de terrain qu'il ne lui en faudrait pour sa subsistance, celle-ci serait obligée d'en faire part à la première sous peine d'y être forcée par la voie des armes ». Inutilement on alléguerait que la postérité y a droit : le droit des vivants est plus impérieux. Ce qui fonde la propriété, c'est le besoin ; la propriété actuelle est « injuste en ce qu'elle contredit le vœu de la nature qui donne à tous les hommes un droit égal non seulement à leur subsistance, mais encore à toutes choses qui peuvent contribuer à l'aisance et au bonheur par le travail ». Les grands propriétaires ne sont que « les économes d'un bien sur lequel la société a des droits », et même, s'ils ont ce privilège, « ce n'est qu'à la faveur d'une première usurpation. Car vous avez oublié que la terre appartient à tous en commun et n'est à personne en particulier qu'autant que les autres en ont pris leur part ». Vous dites qu'une terre vous appartient parce que vous l'avez achetée à mon père. « Et de quel droit mon père vous a-t-il vendu ce qui ne lui appartient pas ? Il pouvait vendre le fruit, mais non pas aliéner le fonds. Car je soutiens que ce fonds n'était pas plus à lui que ma vie et ma liberté. Or, en vendant ce fonds, il a fait la même chose que s'il m'eût vendu moi-même, puisque sans ce fonds je ne puis subsister. » La propriété actuelle est « injuste et destructive ». Elle est fondée sur l'avarice et la cupidité et est une source de maux. « En effet, dès que chacun, rapportant tout à soi, s'est imaginé qu'il lui était permis d'envahir une plus grande portion de terrain qu'il n'en a besoin pour sa propre subsistance, de l'enclore et de dire : Ceci est à moi, je la diviserai, je la partagerai, je la vendrai, je la léguerai, j'en ferai tout ce qu'il me plaira, j'en disposerai à mon gré de mon vivant et après ma mort ; alors les lois, les tribunaux et tous les suppôts de la justice ont dû se multiplier sans cesse et sans mesure afin de suivre l'homme dans tous ses caprices et de l'autoriser dans tous ses travers... Oh ! que de peines et de maux, que d'injustices et de crimes eût épargné à ses semblables celui, je ne dirai pas comme Rousseau, qui arrachant les pieux et comblant le fossé, eût crié à ses semblables : « Gardez-vous d'admettre aucun partage ; » mais qui, marchant sur les traces du législateur des Hébreux, eût dit comme lui : « Vous vous trompez, faibles mortels, la terre n'est point à vous en propre, « elle est à Dieu, et vous n'en êtes que les usu- « fruitiers. » Or l'usufruitier ne peut aliéner le domaine qui lui est confié. Vous êtes frères, vous devez donc le partager également (1). Nous n'aurions pas alors à gémir sur l'inégalité des fortunes, sur les ravages du luxe, les abus des

____

(1) *Plan d'éducation*, p. 122 et 123.

arts, sur la misère humaine au milieu de l'abondance, sur la méconnaissance des droits imprescriptibles de tous à la subsistance, sur mille désordres, excès, etc. Le système actuel de la propriété viole donc les droits de la nature ; sa répartition est injuste : il est légitime de la changer en vertu de cette loi « à laquelle sont subordonnées toutes les autres : *Salus populi suprema lex esto.* »

Ce résumé des idées de l'auteur est catégorique. Pour lui, le système actuel de la propriété a pour principe la cupidité et donne lieu à d'innombrables abus ; en droit, nul n'est véritablement propriétaire que la communauté qui, en réalité, est représentée par l'État comme nous allons le voir. Les hommes ne sont qu'usufruitiers et ne possèdent qu'en raison de leurs besoins ; ce qu'ils ont de trop est un vol aux autres, selon le droit de la nature. Si pratiquement la propriété individuelle est bonne, ce n'est que dans de certaines limites. La communauté a le droit d'enlever à ceux qui ont trop pour donner à ceux qui n'ont rien. Si la dépossession pure et simple n'est pas possible, elle n'en est pas moins juste, selon le droit de la nature. « Mais, comme on s'en est si fort écarté qu'il serait peut-être dangereux de vouloir y revenir directement par la voie que nous venons d'indiquer [la dépossession pure et simple], nous allons en tracer une autre qui pourra nous ramener au même but tout aussi sûrement et sans aucune violence. » Ce n'est donc que pour des raisons d'ordre pratique qu'on a recours à des moyens détournés.

Ainsi Gosselin, professant sur la propriété une théorie qui se rapproche en bien des points de celle qu'expose Brissot dans ses *Recherches philosophiques sur le droit de propriété et sur le vol*, le dépasse par ses conclusions : tandis que son devancier ne veut tirer de sa théorie d'autre conséquence pratique qu'un adoucissement des lois pénales sur le vol, notre auteur, certainement plus logique, en déduit la destruction de l'organisation civile actuelle et la création d'un nouvel ordre de choses.

Quels moyens emploiera-t-on pour l'établir ?

1° On reprendra « ce qui appartient incontestablement à la communauté », c'est-à-dire les friches et landes que nul ne met en valeur. Seront considérés comme tels tous les terrains incultes depuis dix ans, sauf les bois et prairies. En vain alléguerait-on la coutume et l'usage : « Une coutume abusive et un usage fondé sur des lois arbitraires ne peuvent jamais prévaloir contre un droit aussi sacré qu'est celui de la nature. Cette terre, dirait-on à son prétendu maître, ne t'appartient par aucun titre, puisque, n'étant point cultivée, elle n'est d'aucune utilité, ni pour toi, ni pour le public. » Cette mesure n'est pas nouvelle ; mais jusqu'ici elle a été mal appliquée ; en effet, d'après les édits royaux, le premier venu peut s'emparer d'un terrain inculte : le fait-on, un seigneur survient, se disant propriétaire ; il attaque en justice le nouvel occupant qui, jugé par la partie adverse, « car les juges ne sont-ils pas en tout et partout la partie adverse du pauvre dès qu'il y a contestation entre le riche et lui ? » est expulsé avec les frais. A l'avenir, ce sera le roi qui se saisira des terres incultes et décidera souverainement des réclamations qui pourront se produire ; quand elles seront vraiment libres, il les distribuera, avec les avances nécessaires, à des colons pris, comme à Rome, parmi les anciens soldats.

2° On partagera également les biens domaniaux : mieux vaut pour le roi les aliéner ainsi que les soumettre à la régie, qui absorbe une forte partie de leur revenu, ou à des fermiers, qui vexent le peuple. La loi de l'inaliénabilité du domaine est absurde, maintenant que toute la France est domaine royal. « N'est-il pas absurde que celui qui ne peut pas lui-même cultiver un terrain ne puisse s'en débarrasser? »

3° Les biens ecclésiastiques auront le même sort. Le clergé n'en est que l'économe, non le propriétaire : il abuse de sa gestion, et l'État peut revenir sur un contrat abusif ; ses biens seront distribués entre les pauvres qui paieront un cens à l'État et aux prêtres.

4° Il resterait à dépecer les biens des particuliers grands propriétaires ; l'État y arrivera en consacrant chaque année dix millions à les acheter, quand ils se vendront : les terres ainsi acquises seront également partagées.

Mais, au préalable, il faudra éteindre la dette publique : Gosselin indique un remède très simple et tout à fait impraticable pour y arriver. Il le développe avec détails. Ce qu'on y trouve de plus saillant, c'est un impôt progressif sur la fortune des particuliers : cet impôt, consacré à payer la dette, pèsera sur tout le monde : mais les contribuables seront divisés en dix classes, selon leur fortune : « La première sera taxée à un cinquantième, la deuxième à un cinquante-cinquième, ainsi de suite jusqu'à la dernière, en suivant toujours le même ordre de progression ». Si, tout compte fait, les impôts actuels ne suffisent pas à éteindre la dette, on les augmentera. Ce ne sera pas à l'impôt territorial unique des économistes que l'on recourra. « Ce serait bon si tous les biens se trouvaient également partagés... Il faut donc, en attendant, tâcher de faire tomber sur les riches la plus grande partie de l'impôt, ce qui ne peut avoir lieu qu'en imposant ce qui sert à leur luxe et à leur consommation. » On alléguera d'ailleurs les charges de la nation, en supprimant les pensions et en priant le roi de diminuer ses dépenses.

Par tous ces moyens, la dette étant rachetée, les terres étant de plus en plus divisées, l'impôt minant la fortune des riches, on arrivera en peu d'années à voir la France également partagée entre tous « et couverte d'habitants heureux qui béniront à jamais le hardi mortel qui, ayant opéré une pareille révolution, deviendra l'artisan de leur bonheur et l'auteur de leur félicité ».

Voilà donc l'égalité établie et l'inégalité détruite. Comment maintenir cet état de choses? On objecte généralement aux partisans de l'égalité des biens qu'elle disparaît forcément par les partages, les héritages, les ventes. « On évitera cet inconvénient en établissant des lois tout à fait opposées » à celles du code civil actuel. Les biens-fonds de chacun seront déclarés indivisibles et inaliénables, « en sorte que personne n'en pourra disposer ni de son vivant, ni après sa mort. Alors, tout étant fixé par la loi, rien ne sera laissé au caprice des particuliers ». Voici donc les règles à suivre : 1° chacun aura juste autant de terre qu'il en 'faut pour faire vivre une famille : ainsi l'oisiveté sera bannie ; 2° il sera interdit de cumuler deux lots ou d'en morceler un ; 3° si un chef de famille a plusieurs enfants, « ce qui sera très commun », l'État se chargera de les pourvoir en commençant par les aînés. S'il meurt sans enfants, sa part ira au plus proche parent sans héritage. En général, ce sera donc le dernier né qui héritera : cet usage, conforme au droit naturel, a longtemps existé en Bretagne. En somme, ce système lacédémonien revient à la suppression partielle de l'hérédité, totale du testament.

Suit un tableau de l'âge d'or qui accompagnera ces réformes : les lois seront équitables, étant fondées sur l'égalité; peu nombreuses et immuables. La jurisprudence actuelle disparaîtra. L'impôt unique des économistes pourra être établi : ce sera une sorte de dîme, facile à percevoir, qui subviendra aux frais du culte et de l'État. On sera délivré des gens de finances et de loi, en même temps que de la richesse et de la pauvreté. Les plaisirs et les travaux seront à peu près égaux pour tous. C'est une égalité de ce genre qui causa la prospérité de Rome, de Lacédémone, de l'Égypte et des Hébreux. S'adressant à l'Amérique indépendante, l'auteur l'engage à bien établir le principe d'égalité à la base de sa législation : « Car il faut que tu saches que c'est moins la forme du gouvernement qui rend les peuples heureux que les lois qui règlent la fortune des citoyens ; » et il blâme les auteurs des constitutions ordinaires, « insensés qui ne voient pas qu'un État constitué de cette sorte est un édifice bâti sur un sable mouvant que le conflit des passions humaines a bientôt renversé ». L'égalité est indispensable à une république : car l'indigent y vendrait forcément son suffrage. On lui reproche d'éteindre l'émulation ; mais l'injuste répartition des biens décourage certainement davantage : car elle met aux prises deux athlètes, dont l'un a le bras coupé. Sans doute, l'égalité établie, les arts de luxe (poésie, peinture, etc.) seront moins recherchés ; mais qu'importe si les hommes vivent dans l'abondance et la tranquillité? « Des oiseaux sans nombre feront entendre leur doux ramage, les dédommageront abondamment de tous ces chefs-d'œuvre de l'industrie humaine. » L'âge de Saturne reparaîtra sur la terre.

Peut-être objectera-t-on que, quelques industries utiles subsistant forcément, il naîtra de là une inégalité nouvelle, « car le bien-être d'un artisan quelconque dépend de son industrie ; et l'on sait qu'il n'y a rien de moins égal dans les hommes que cette partie ». A cela on répondra que les arts nécessaires, demandant, vu leur simplicité, moins de talents que ceux du luxe, causeront peu d'inégalité parmi ceux qui les cultiveront ; et que les diverses professions, étant également honorées, seront toutes à peu près également cultivées sans empiéter les unes sur les autres. S'il y a quelque inégalité, elle sera faible et ne découragera pas, puisque le principe en sera connu. Le commerce utile fleurira également. Les prêtres, salariés, s'occuperont des sciences abstraites, sans former un corps séparé et sans abuser de leurs connaissances pour propager des erreurs que d'ailleurs les hommes seront moins aptes à suivre, n'étant plus abrutis par le travail et les préjugés. La population croîtra rapidement. On en transportera l'excédent dans le nouveau monde : là se formeront de nouvelles nations, modelées sur les anciennes, mais indépendantes.

Résumant sa deuxième partie en quelques lignes, l'auteur la termine en protestant de ses intentions et en s'assurant d'avoir pour lui le suffrage du plus grand nombre, non des états généraux peut-être, mais du vrai peuple, qui est le seul compétent pour juger de ce qui lui convient.

Retenons surtout de son système la théorie sur la propriété ; la proclamation de la toute-puissance de l'État ; l'impôt progressif et les taxes sur les riches ; l'attaque contre l'hérédité et le plan d'une société nouvelle bâtie sur un plan nouveau. On ne peut méconnaître l'analogie de ces idées avec celles du socialisme moderne.

Je ne m'arrêterai pas sur la troisième partie, la réfutation des économistes : elle forme une sorte d'appendice séparé, et, quand elle ne répète pas en d'autres termes ce qui a été dit précédemment, offre assez peu d'intérêt, à notre point de vue. Elle paraît inspirée en grande partie du livre de Necker sur la législation des grains. D'ailleurs, si la critique de l'auteur est parfois exagérée, souvent elle ne manque ni de justesse, ni même de piquant, et mérite d'être lue. Il attaque avec énergie les principes fondamentaux des économistes : propriété, liberté, intérêt et concurrence, et s'efforce de montrer leur injustice dans la réalité ; il insiste sur la dépendance du salarié dans les contrats qu'il forme, soi-disant librement, avec le propriétaire, et, dans la question du commerce des blés, prend la défense du consommateur pauvre contre le riche producteur. Tout cela est du Necker, avec un degré de virulence en plus. Il termine enfin en déclarant que, parmi les principes des économistes, les uns sont faux et les autres ne pourraient être bons que dans une société fondée sur l'égalité.

Telles sont les idées principales que renferme le traité de Gosselin ; je n'insiste pas sur les difficultés infinies que soulèverait la formation de l'État qu'il rêve ; sur l'insuffisance des moyens qu'il propose pour le créer ; sur les objections qu'on pourrait faire à son organisation et à sa stabilité. Pour ne prendre qu'un exemple, il est certain qu'il explique très insuffisamment comment l'égalité se conciliera avec l'existence d'une industrie et d'un commerce quelconques. Comme la plupart des socialistes du XVIIIe siècle et au rebours des modernes, c'est la question agraire qui l'occupe : la grande industrie n'étant pas née, le socialisme est surtout paysan.

D'autre part, on peut reprocher à ce système de n'être guère nouveau : partout on voit percer des souvenirs de l'antiquité judaïque et païenne ; les Égyptiens, les Hébreux, la Crète,

Sparte surtout, lui servent visiblement de modèles ; somme toute, l'État de Gosselin n'est guère que celui de Lycurgue, insuffisamment remis à neuf pour répondre aux exigences modernes. Il met aussi à contribution les écrivains de son siècle ; quand il parle des passions, il songe visiblement à Mably ; Brissot lui a peut-être fourni une partie de sa théorie de la propriété ; il emprunte à Necker bien des raisonnements contre les économistes ; Spenser, son contemporain anglais, venait de professer des idées assez analogues. Enfin l'influence de Rousseau est sensible partout. Mais la manière dont il met en œuvre ses emprunts, ses sentiments chrétiens et royalistes, sa condition sociale et son caractère lui assurent cependant une originalité réelle ; la clarté, l'énergie et la force de conviction qu'on sent dans son livre sont remarquables ; il a beaucoup plus de logique que bien des écrivains plus célèbres. Enfin deux particularités achèvent de lui donner une physionomie propre : la première, c'est qu'il est un des rares réformateurs sociaux du xviiⁱᵉ siècle qui n'aient pas abouti au communisme ; la seconde, c'est qu'il a une foi complète dans la possibilité d'exécution de son système. Ce n'est pas un utopiste abstrait, morose ou déclamateur. Tandis que la plupart des socialistes du temps se contentent de déclarer injuste la propriété actuelle, mais désespèrent de trouver un remède, Gosselin croit à l'application pratique de ses idées : il a la foi, qui souvent pousse plus à l'action que le bon sens ou le raisonnement. C'est à ces titres divers qu'il m'a paru curieux de recueillir, à la veille de la Révolution française, les idées et les théories de ce précurseur oublié du socialisme moderne.

VII

JEAN-CLAUDE CHAPPUIS

UN PRÉCURSEUR INCONNU DU SOCIALISME ET DE MALTHUS

Y eut-il ou non des éléments socialistes sous la Révolution française ? S'il y en eut, quel fut leur caractère ? Ces deux questions sont d'un intérêt historique considérable ; malheureusement, elles ont été plus souvent tranchées en raisons de convictions politiques que d'après l'examen seul des faits par ceux qui en ont véritablement senti et mesuré l'importance.

Lorsqu'on a étudié impartialement les documents de l'époque, il est cependant facile de déterminer, d'une manière générale, le rôle de la Révolution française dans l'histoire du socialisme.

Quand la France fut appelée en 1789 à rédiger le bilan de ses besoins et de ses vœux de réforme, les aspirations vers un bouleversement de la propriété et vers la rénovation totale de la société furent à peu près insignifiantes, pour ne pas dire nulles. Il y avait trop d'abus criants à combattre, trop de demandes immédiates à formuler, pour que les rédacteurs des cahiers songeassent à donner une portée pratique aux rêveries de quelques philosophes du xviiiᵉ siècle. Sans doute la suppression des droits féodaux et la confiscation des biens du clergé furent une atteinte portée à ce que beaucoup d'hommes regardaient comme une propriété légitime. En réalité, dans l'esprit de ceux qui provoquèrent ces mesures, il n'y avait nulle velléité socialiste ; et c'était précisément au nom du droit de la propriété individuelle, et au nom de celle de l'État, qu'ils les réclamaient. Toujours est-il que, du jour où furent lancées les premières attaques contre ces privilèges, il y eut chez ceux qui se trouvèrent lésés le sentiment que le droit de propriété était en danger. C'était presque un lieu commun chez les théoriciens politiques de la fin du siècle de déclarer que, si la nation était appelée à se prononcer par le suffrage universel sur la légitimité des propriétés, elle en demanderait le partage égal entre tous les citoyens : « Quel serait, demande Leroy de Barincourt en 1789, quel serait le vœu positif de la nation réellement assemblée, ou au moins de la grande majorité ? Ce serait qu'on réunît en masse toutes les propriétés et qu'on en fît un partage égal, ou que la communauté naturelle des dons du Créateur fût rétablie. » Il parut que les premiers actes de la Révolution étaient un acheminement vers ce bouleversement radical, et l'attention fut violemment attirée par les réclamations des privilégiés sur la question de la propriété.

On constata bientôt que l'égalité civile et politique n'établit pas le bonheur universel. La condition des pauvres, au lieu de s'améliorer, s'aggrava par suite des désordres, de l'inquiétude et de l'incertitude générales, et par suite de la disette qui en résulta. D'autre part, en raison même des progrès accomplis, et comme il arrive dans toutes les révolutions, quelques esprits aventureux commencèrent d'entrevoir, non sans doute pour le présent, mais pour un avenir mal déterminé, un état social beaucoup plus parfait. Les législateurs, sentant la nécessité de rassurer les esprits, et d'ailleurs complètement sincères avec eux-mêmes, proclamaient à chaque occasion l'inviolabilité de toutes les propriétés ; dès la fin de 1790 néanmoins, on voit poindre des idées socialistes chez les membres du Cercle Social où figurent des hommes de toutes nuances : sans doute, ils répugnent à toute mesure violente, et leur critique demeure toute théorique. Mais elle avait son importance à un moment où tout s'organisait ou se désorganisait dans l'État. Le parti jacobin fut pratiquement plus hardi. Sans contredit, c'est fort à tort que les Girondins, depuis la fin de 1792, lui reprochèrent sans cesse de tendre à la loi agraire. Telle n'était pas assurément l'intention des Montagnards.

Mais, en même temps que leurs théoriciens proclamaient le droit absolu de l'État sur la propriété, et la convenance qu'il y aurait pour une république à établir la plus grande égalité possible parmi ses citoyens, les nécessités de la défense nationale et de l'état de crise où se trouvait la France les obligeaient à faire la guerre aux riches et à porter mainte atteinte au droit strict de la propriété individuelle. C'étaient à leurs yeux des mesures passagères, la patrie se trouvant en état de siège, et ils ne songeaient point à un bouleversement. Mais leurs ennemis leur reprochaient d'y viser, que dis-je ? de l'opérer, et il faut reconnaître que parmi eux, quelques-uns rattachèrent les actes accomplis à des intentions véritablement socialistes et conçurent l'idée d'un État communiste et égalitaire. Ces convictions, sans devenir populaires, gagnèrent un certain nombre d'esprits ; et, quand la réaction qui suivit le 9 thermidor aboutit à la proclamation de la Constitution de l'an III, regardée comme aristocratique et antijacobine, elles s'exaspérèrent chez les meneurs du parti babouviste. Tous les partisans de Babeuf n'avaient pas, souvent même ne soupçonnaient pas, les idées de leur chef. Quelques-uns pourtant voulaient comme lui la communauté des biens ; et, en dehors d'eux, les idées égalitaires étaient en faveur auprès de bien des hommes qui n'avaient rien de révolutionnaire, comme auprès de ceux qui voulaient une révolution seulement parce qu'ils n'avaient pas de pain. La conspiration de Babeuf échoua ; elle discrédita complètement le communisme ; et la propriété individuelle sortit fortifiée de la crise qu'elle venait de traverser. On s'y attacha d'autant plus que le nombre des propriétaires s'était multiplié et qu'elle avait paru plus menacée. Le Code civil est l'expression nette et naturelle des idées de ceux qui venaient d'acquérir des biens nationaux. Rompant avec la tradition de la plupart des philosophes du xviiiᵉ siècle, et reprenant la théorie de Locke, des physiocrates et d'Adam Smith, ils proclament la propriété un droit primitif et sacré de l'homme, antérieur à toute convention et supérieur au droit de l'État lui-même; ce dogme est devenu la base des théories de l'économie politique orthodoxe.

Les idées socialistes sous la Révolution française sont donc en quelque sorte un produit spontané des événements, qui peu à peu suggérèrent aux esprits les plus hardis et leur montrèrent comme réalisables les idées qu'avaient déjà indiquées quelques philosophes spéculatifs du xviiie siècle. Elles ne furent en aucune manière le terme naturel d'une espèce de grand courant socialiste qui aurait traversé tout le siècle pour s'épanouir sous la Révolution : l'absence presque complète de ces idées dans les cahiers de 1789 est la preuve la plus évidente de cette affirmation.

Il serait toutefois exagéré de soutenir qu'en 1788-1789, elles furent entièrement étrangères à tous les esprits. Il y eut des hommes, en petit nombre, mais il y en eut, qui servirent de transition entre les philosophes du xviiie siècle et les politiques de la Révolution, entre Morelly et Mably d'une part, Saint-Just et les Égaux de l'autre. Il serait absurde d'y faire figurer tous ceux qui proclamèrent un peu trop haut les droits de l'indigence et ceux de l'État : ils ne faisaient pour la plupart que répéter dans le langage déclamatoire du temps des maximes familières à l'ancien régime. Mais quelques-uns allèrent plus loin et entrevirent véritablement un autre ordre de choses.

Il est facile de dénombrer ceux qui sont connus : Babeuf et Maréchal rêvaient dès 1787 un état communiste ou égalitaire ; le célèbre romancier, moraliste et pornographe, Rétif de la Bretonne, prôna en 1789 dans son *Thesmographe* un partage égal des terres sous la tutelle du roi, comme venait de faire deux ans avant un pacifique utopiste nommé Gosselin ; une brochure anonyme demanda positivement la loi agraire ; Boissel, un futur jacobin, proposa un *Catéchisme du genre humain* qui fut dénoncé à la vindicte de l'Assemblée constituante. Le reste est insignifiant : et cela même est bien peu de chose dans l'immense production scripturaire que suscita en France l'annonce de la réunion des états généraux ; c'est encore moins quand on songe que Gosselin et l'anonyme sont les seuls qui présentent leurs vœux comme pouvant être prochainement réalisés.

Aussi n'est-il pas sans intérêt de joindre un nom nouveau à ces modestes précurseurs du socialisme. J'ai eu la bonne fortune de découvrir aux Archives un dossier volumineux concernant un certain Chappuis, et classé parmi les successions en déshérence ouvertes à Paris pendant la Révolution. Il contient des documents de toute espèce : lettres, pièces officielles, projets et mémoires variés. Malgré le désordre où ils se trouvent, il m'a été possible de reconstituer à peu près la vie agitée et les idées singulières d'un homme de faible cervelle, mais de haute ambition : une espèce de Rousseau, moins le génie, qui serait mort avant le *Discours sur l'inégalité.* On trouvera dans les pages qui suivent quelques détails sur cet aventurier qui, après une existence décousue et peu édifiante, se jugea appelé à régénérer la France et finit par mourir dans la misère.

A. LICHTENBERGER.   10

I

Jean-Claude Chappuis ou Chapuis (1) naquit à Salins en Franche-Comté, entre 1745 et 1750. Il était fils d'Hyacinthe Chappuis, notaire royal et « procureur aux juridictions de Salins », « d'une très ancienne famille, bien alliée, petit-fils d'un avocat, ayant pour beau-frère un président de la Chambre des comptes de Dôle ». Cette famille avait été, paraît-il, fort prospère au temps des ducs de Bourgogne et leur fournit des conseillers et des secrétaires d'État. Mais elle fut à peu près ruinée par des remboursements en billets de Law, effectués précisément au moment de leur déconfiture. Hyacinthe Chappuis avait épousé une demoiselle Ferroux, assez aisée mais peu instruite, la plus jeune de six enfants.

Jean-Claude Chappuis perdit de bonne heure

(1) Il signe Chapuis dans sa jeunesse et Chappuis dans la seconde partie de sa vie. J'ai adopté cette dernière orthographe plus fréquente et employée également par des cousins du même nom.

son père, et un de ses oncles Ferroux lui servit de tuteur. Il le mit en pension chez un brave curé, puis à l'Oratoire. Il paraît que sa mère lui marquait si peu d'affection que tout le monde en était frappé; heureusement, « il en fut autant que possible indemnisé par le bonheur d'avoir une facilité si marquée dans ses études qu'il y obtint la plus grande affection de la part du supérieur permanent de ce collège ». Il est bon de rappeler que c'est Chappuis lui-même qui formule cette appréciation sur ses talents.

Quoi qu'il en soit, il étudia le droit et les lettres pendant quelques années. Vers la fin de sa vie, atteint visiblement de la manie de la persécution, et rongé d'une jalousie féroce envers ses parents fortunés, il prétendit que sa mère avait été alors circonvenue et volée de toute manière par ses frères et beaux-frères qui exploitaient son ignorance des affaires et son envie de se remarier. Toujours est-il que Chappuis fut marié par elle à l'âge de dix-neuf ans à une demoiselle Ardoin, de bonne famille, et qui avait une petite fortune. Il devint père dans la première année de son mariage et vécut quelque temps à Salins d'un emploi qu'il avait dans les aides.

Mais bientôt il jugea ces fonctions mal proportionnées à ses mérites ; il donna sa démission et partit pour Paris, laissant là femme et fille, résolu d'y faire fortune.

Il y fit surtout des dettes. Pourtant il crut tenir l'occasion cherchée. Deux commerçants, MM. de Bussy et Cotteneuve, signèrent avec lui un projet d'association pour l'exploitation d'une machine appelée « Polygraphe ou copiste habile », approuvée, paraît-il, par l'Académie des sciences. Seulement il fallait apporter 4.000 livres dans l'acte d'association. Chappuis n'hésita pas à tirer une lettre de change de cette somme sur sa mère, négligeant d'en prévenir celle-ci, mais assurant à ses associés qu'il n'y avait nul doute sur sa solvabilité. Mme Chappuis mère se rebiffa, refusa de payer, força son fils à revenir à Salins en lui coupant les vivres, et aboucha MM. de Bussy et Cotteneuve avec M. de Verdun, fermier général et ami de sa famille, qu'elle chargeait d'examiner si oui ou non il y avait lieu d'avancer à son fils la somme demandée.

Les deux commerçants, fort peu contents du jeune Chappuis, qui leur avait déguisé sa position et des dettes duquel ils avaient répondu, s'en dégoûtèrent davantage par suite des difficultés qu'ils eurent à obtenir une audience de M. de Verdun, et plus encore par ce que leur déclara le fermier général. Ils se plurent à transmettre à Chappuis dans une lettre du 29 octobre 1769 toutes les choses désagréables que le financier leur avait dites sur son compte : il aurait bien mieux fait de demeurer dans les aides « plutôt que de vouloir se repaître de chimères ». C'était un « avantageux » et un « petit-maître » absolument sans le sou, et incapable de payer les 4.000 livres promises. Ils terminaient en lui reprochant vivement d'avoir tenté de les duper, et l'engageaient plus vivement encore à payer ses dettes. Ce règlement n'alla pas sans des tiraillements cruels et des lettres où l'orgueil de Chappuis était peu ménagé.

Sans doute la vie à Salins ne lui fut pas fort agréable, entre sa mère qui lui reprochait ses dettes et ses procédés, et sa femme peu satisfaite des résultats de son voyage. Au début de l'année suivante il repartit pour Paris. Nous avons l'inventaire des meubles et objets qu'il laissa en dépôt à sa mère. Sans qu'il fût dans la misère, c'était en somme peu de chose. Mais il était encore plus pauvre en argent comptant. A peine à Paris, il écrivit à sa mère une lettre lamentable où il lui demandait des secours, et lui recommandait sa fille ; il était arrivé malade d'un abcès à l'oreille : par le plus grand des hasards il avait rencontré le frère Côme, le célèbre chirurgien, qui l'avait soigné et guéri. Mais, après un petit travail juridique terminé, il se trouvait dénué de tout. Le ton de la lettre est pitoyable.

Après avoir traîné quelque temps la misère à Paris, il obtint par une protection quelconque le 21 avril 1773 la place de « conseiller du roi, secrétaire garde des archives en la ville et la communauté de Salins ».

Il n'y demeura guère. Son humeur inquiète le ramena à Paris dès 1774. Il y resta jusqu'en 1789. Il y fut d'abord comme fondé de pouvoir, chargé de suivre les affaires de sa municipalité au Parlement. Mais en 1776 son office et tous ceux de ses collègues furent supprimés, pour s'être opposés, dit-il, aux volontés arbitraires d'un intendant. Lui-même faillit être expulsé de Paris pour avoir intercédé auprès du maréchal de Muy, ministre de la guerre, en faveur de deux de ses compatriotes détenus par lettre de cachet. Pourtant il parvint à éluder la menace. Après avoir été volé de tout son argent à son arrivée à Paris, il fut quelque temps secrétaire d'un fermier général, puis s'adonna au contentieux et aux affaires criminelles. Il est visible que sa ressource principale fut de suivre les affaires que ses compatriotes avaient à Paris ou celles qui intéressaient sa municipalité. Mais il se montrait négligent, était sans cesse à court d'argent, ne répondait pas à ses clients malgré leurs réclamations, ou leur répondait mal : « On n'écrirait pas comme cela à un dé-

crotteur, lui déclare un ami après avoir lu une
de ses lettres ; votre vivacité vous a fait faire
une sottise et j'en suis très fâché. » Sa mère,
presque toujours malade et presque ruinée par
lui, ne recevait de lui d'autres nouvelles que des
demandes d'argent ; sa fille apprenait inutilement des vers à lui réciter à son retour, qui
ne s'effectuait pas ; quant à sa femme, dégoûtée
de son absence et de ses dissipations, elle demandait dès 1775 sa séparation de corps et de
biens, afin de préserver sans doute sa petite
fortune. Chappuis s'en inquiéta médiocrement.
Il ne dédaignait pas les parties joyeuses, et une
lettre d'une certaine Mlle Madeleine, dénuée
d'orthographe, mais pleine de sensibilité, semble témoigner que toutes les consolatrices ne
lui étaient pas rebelles.

Mais sa grande affaire était de rencontrer la
fortune. Il avait la cervelle pleine de projets de
tout genre qui sans doute le distrayaient fort
des intérêts de ses clients. Une fois c'est un
privilège pour l'exploitation de la tourbe et sa
transformation en charbon de terre qu'il solli-

cite du roi et dont il prétend tirer de gros bénéfices. Puis il abandonne cette idée et rédige un projet pour la transformation d'Ambleteuse en port de mer, projet qui doit attirer toute l'attention du ministre.

Un moment la fortune parut lui sourire. Par l'intermédiaire d'un de ses cousins Ferroux, il fut mis en rapport avec un familier du prince de Montbarey, ministre de la guerre, qui lui proposa d'exécuter pour le ministre « un travail secret tendant au bien de l'humanité et des finances ». Il s'agissait d'un mémoire sur l'organisation des hôpitaux qui devait lui être fort bien payé. Il quitta Paris pour Versailles, y demeura quinze mois, et y dépensa 2.000 écus de son bien, n'ayant reçu qu'une avance de 700 livres. Dans l'intervalle, M. de Montbarey avait quitté le ministère. Quand Chappuis présenta son travail à M. de Ségur, qui lui avait succédé, on éluda de le payer sous divers prétextes. Alors, comme dédommagement il demanda de soumissionner l'entreprise des fournitures des hôpitaux militaires : un certain

M. Randon de Lucenay, avec qui il s'était associé, devait lui fournir 800.000 livres à cet effet.
Si on peut l'en croire, il était appuyé par des
personnages considérables, et par les princesses d'Artois et de Provence elles-mêmes.
Mme de Gontaut-Biron écrivait de lui : « Il est
bien né, il a de l'éducation, des mœurs et de la
délicatesse. » Tout fut inutile. bien que, dit-il,
sa soumission fût de moitié plus favorable à
l'État que toute autre. Il apprit un beau jour
qu'on avait nommé six administrateurs, dont il
n'était pas. Il rédigea un mémoire pour réclamer une indemnité ou une septième place qu'on
créerait pour lui. Peine perdue. En 1789 et plus
tard encore, il pétitionnait inutilement auprès
de l'Assemblée nationale pour obtenir le remboursement de ses 6.000 livres, une gratifica-
tion de 12.000, une indemnité de 6.000, plus
l'intérêt de ces diverses sommes. Il n'obtint
rien. Peut-être ses titres étaient moins évidents
qu'il ne le déclarait.

Au reste, en 1781, un accident funeste l'avait
arrêté dans le fort de ses démarches, au mo-

ment où elles auraient eu chance d'aboutir. Il s'était empoisonné en mangeant d'un plat vert-de-grisé, et les effets de cet empoisonnement durèrent plusieurs années. Presque impotent, réduit au régime du lait, ruiné par les avances qu'il avait faites, il s'établit près du Palais de justice et dirigea du fond de son fauteuil « l'entreprise de la rédaction et de la mise au net de toutes sortes d'écritures, comptes et mémoires ». Mais ce bureau était d'un maigre profit ; aussi, dès que les forces lui revinrent, il se remit à faire des projets.

Le 17 juillet 1787 il signa un traité d'association avec un certain Hugues de Rochefort pour le partage de tous les biens qui pourraient leur advenir par le fait de l'exécution d'un mémoire présenté par eux pour le paiement des dettes de l'État. Ne pouvant payer les siennes, il préférait s'occuper de celles de la France. Le moyen proposé était fort simple. L'État créerait tous les trois mois 25.000.000 de francs de billets d'État. A chaque changement de propriétaire, ces billets perdraient 1 p. 100 de leur valeur.

L'État les rembourserait finalement à moitié prix. Ainsi le « déclin de ces billets était si minutiel (*sic*) qu'il ne fatiguerait ni le commerçant ni le consommateur ». Par ce moyen, l'État payerait aisément dettes et pensions, et, une fois les dettes acquittées, on pourrait de ce fait diminuer le poids des impôts.

Ce projet attestait un respect médiocre de la propriété. Sans doute, Chappuis s'en trouvant fort démuni, ne voyait pas grand mal à ce qu'on y portât atteinte. Sous l'influence de ces dispositions, son cerveau s'échauffa quand la convocation des états généraux fut annoncée. Lui qui n'avait jamais su gouverner ses propres affaires, il se jugea tout désigné pour régler celles de l'univers. Et, vers la fin de 1788, il se mit à concevoir et à rédiger son *Plan social*, qui allait guérir tous les maux de l'humanité.

II

« Le sieur Chappuis, déclare-t-il au début de son manuscrit, ancien officier municipal, vient de faire la decouverte la plus précieuse : celle de moyens infaillibles et convaincants pour exclure à jamais la guerre, les divisions, la disette et tous les maux, vices et calamités qui accablent les nations, à tel point qu'en France le bonheur actuel du roi, de la reine, de la famille royale, des grands, de chaque membre du clergé et de la noblesse, en sera beaucoup augmenté, exempt même de toute instabilité, et que le sort du tiers état en deviendra généralement et parfaitement heureux. »

C'était beaucoup promettre. Comment tenir toutes ces promesses ? En voici les moyens.

Il est évident, dit Chappuis, que l'auteur de la nature, tout-puissant et parfaitement bon, n'a pu vouloir, en tirant les hommes du néant, en rendre les trois quarts aussi malheureux qu'ils sont actuellement. Il est évident — le nier serait d'une atroce impiété — qu'il a dû tout disposer en vue du bonheur de tous et de chacun. Ce sont donc nos erreurs qui ont établi le malheur sur la terre. Il est facile de nous en assurer en voyant combien nos institutions sont

contraires aux intentions clairement manifes-
tées du Créateur.

Que voyons-nous en effet dans la nature ? La
terre et les éléments sont donnés en commun
à tous les animaux. L'homme, mieux doué que
les autres espèces, a, de par cette organisation
supérieure, le droit d'exploiter le tout à son
profit. Mais dans le genre humain tous les individus ont des droit égaux : les plus forts, pendant leur enfance ou pendant leur sommeil,
sont à la merci des plus faibles ; le plus robuste,
succombe contre la coalition de trois ou quatre
adversaires inférieurs. L'auteur de la nature a
donc voulu que tous les hommes dépendissent
les uns des autres : « N'en résulte-t-il pas avec
évidence que l'homme doit vivre en association
et en communauté », de manière que les ressources offertes par la Providence profitent éga-
lément à tous ? « Telle est la perfection de cette
association [voulue par la Providence] que le
malheur ou seulement l'incertitude de bonheur
d'un seul associé suffirait pour prouver la vio-
lation des lois destinées à l'espèce humaine. »

Tandis que la nature offre à tous les hommes la subsistance et l'abondance, il n'existe pas à l'heure actuelle en France un homme sur trente qui jouisse d'une vie aisée ; il n'y en a pas un seul, pas même le roi, qui soit exempt de toute peine. Il est donc certain qu'une fatale méprise a causé tout un bouleversement. Quelle est cette erreur qui a rendu nos sociétés civilisées aussi intolérables que les sociétés informes des bêtes dans les forêts ?

« Tout le mal vient... de l'erreur des principes, c'est-à-dire du partage de la propriété et des successions... Ces principes antinaturels violent la loi du Créateur qui prescrit à l'homme une association de paix, d'union et d'égalité ; ils sont le fléau de l'espèce humaine parce qu'ils introduisent nécessairement le besoin, l'inégalité, l'intérêt personnel, l'égoïsme et la rivalité. » Même un partage égal eût été contraire aux volontés du Créateur qui voulait que tous les hommes fussent unis. « A quel titre nos prédécesseurs nous ont-ils donc privés, ainsi que les races futures, de nos droits imprescriptibles ?... Comment des hommes de poussière renverseraient-ils pour la dégradation du genre humain l'ordre prescrit par le Créateur? » D'un partage quelconque, eût-il même été primitivement égal, l'inégalité devait résulter. Les plus forts sont devenus les plus riches, qui peu à peu ont confisqué à leur profit tous les avantages de l'association. L'instruction s'est proportionnée à l'aisance. La création de la monnaie a favorisé le cumul des richesses. Les pauvres, peu à peu dépouillés, en ont été réduits à servir pour un salaire la classe qui possédait toute la terre et tout l'argent et s'arrogeait mille privilèges illusoires. Le clergé a affermi au nom du ciel toutes les usurpations et a « filouté » pour lui-même des biens immenses grâce « à une sorte de magie ridicule ». Les riches ont sans doute essayé d'atténuer le mal dans la mesure de leurs moyens. Mais leurs palliatifs sont insuffisants. Eux-mêmes le sentent, et leur inquiétude est leur châtiment. Un ordre de guerre s'est perpétué sur la terre, grâce à la folie du tiers état, qui aurait pu faire crouler tout ce système d'oppression, rien qu'en refusant son concours aux privilégiés « comme à des monstres et à des pestiférés ».

Les dieux forgés par les prêtres prêchent la résignation. « Aucun de ces dieux n'a su égaler l'inventeur, simple et raisonnable mortel [Chappuis !], qui montre à l'homme la réelle trace divine empreinte de toute part pour le conduire à un bonheur parfait et aussi durable que son existence. Cette trace, c'est la communauté et l'égalité. » Et le « raisonnable mortel » se met à nous bâtir les plans de son utopie d'où l'esprit d'égoïsme et de propriété sera banni. En voici les traits principaux.

La France sera divisée en espèces de phalanstères. Ce seront des carrés de 2.000 toises de côté. Au centre de chacun sera bâti un hôtel gigantesque dans lequel on logera pour commencer 1.050 habitants. Comme il y aura 40.000 de ces hôtels, la France pourra nourrir dès maintenant 42 millions d'habitants. Ce chiffre pourra ensuite facilement être étendu à 200 millions.

Chaque carré contiendra toutes sortes de

bois et d'arbres fruitiers dont la culture sera soigneusement fixée, et surtout des pâturages où paîtra un nombre de bestiaux très considérable. On en verra plus loin la raison.

L'hôtel aura quatre étages. Tous les détails de sa construction sont réglés. Sur l'infirmerie il y a des détails abondants qui rappellent l'ancien administrateur d'hôpital. Tout le monde concourt également aux travaux nécessaires. Les enfants, dès l'âge de cinq ans, sont employés à plumer des volailles. Les murs sont couverts de sujets d'enseignement sagement choisis. Tout le monde fait tout en même temps et en commun : quand je dis tout, c'est tout ; et ce ne sont pas les réfectoires seulement qui sont à cinquante places, où la communauté se rend en même temps. Notons un détail important : toute la literie sera en peaux préparées.

En haut l'hôtel se terminera par une terrasse où seront placés des cloches et des porte-voix pour communiquer avec les hôtels voisins; plus, une citerne pour recueillir les eaux de pluie, et des pièces de canon pour tirer des feux d'artifice. La France présentera le coup d'œil d'une seule campagne, parsemée çà et là de grandes demeures où sont réunies des sociétés agréables qui communiquent facilement entre elles.

Le vêtement, uniforme pour tous, consistera en une série d'enveloppes de peau qu'on se superposera sur le corps. En plus, chacun aura des casques, des chaussures et quatre cuirasses qui dureront toute la vie. De ces cuirasses, l'une sera armée de pointes de fer pour permettre de se promener impunément au milieu des bêtes féroces. Une autre sera à l'épreuve du fer et des balles et servira pour la guerre. On les ornera de peintures agréables et elles seront, elles aussi, en peaux que fourniront les nombreux troupeaux susmentionnés.

Pourquoi cet enthousiasme pour la peau? C'est qu'une des conditions nécessaires du bonheur de l'homme est la suppression de tous les travaux qui n'y concourent pas directement. Par le moyen des peaux bien préparées on pourra supprimer la culture des plantes textiles, les industries de filage et de tissage, toutes choses qui couvrent inutilement la terre et occupent inutilement les bras de l'homme.

Le chauffage se fera aisément grâce aux bois plantés dans chaque carré. Il est d'ailleurs probable qu'on pourra s'en passer, grâce aux vêtements de peau, à la gaieté, aux danses hygiéniques et à la santé qui seront répandus partout.

Rien de plus simple que l'alimentation. On se contentera de récolter les substances utiles et de les convertir en aliments. Le gibier sera cantonné dans des quartiers fermés où l'on ira l'exploiter ; de même les poissons et les volailles seront parqués dans de grands réservoirs ou basses-cours, et de grands filets aériens préserveront le gibier de plume du bec des rapaces. On tuera les bestiaux par l'ouverture dés veines ou l'asphyxie. La nourriture sera principalement animale. Les produits végétaux les plus employés seront les châtaignes et les pommes de terre, qui poussent sans risque ni fatigue. On renoncera tout à fait aux céréales, dont la culture est si décevante. Les arbres fruitiers, très nombreux, fourniront d'ailleurs un supplément exquis d'alimentation tant par leurs fruits que par les liqueurs qu'on en tirera.

Rien n'est donc plus facile que de produire sans aucune peine tout ce qu'il faut pour l'existence confortable de tous ; on répartira tout au fur et à mesure des besoins de chacun. Une escouade de vingt-quatre personnes fera à tour de rôle tout le service intérieur pendant quinze jours. Quant aux récoltes, vêtements, etc., il suffira d'une demi-heure de travail par jour de chaque individu, pour produire tout le nécessaire.

Chacun à sa naissance sera marqué au bras d'une manière indélébile : on pourra toujours y voir les armes de France, le nom de l'hôtel, un numéro d'ordre particulier à chaque citoyen, et la date de sa naissance: Mais le nom de la mère ne sera pas marqué, de manière que chacun ignore à qui il doit le jour.

Il faut, en effet, que les unions soient réglées

sur un principe tout nouveau. Il y aura entre tous les habitants de l'hôtel un roulement calculé de telle sorte que chacun soit uni successivement à chacune, et qu'aucune union ne dure plus d'une nuit. De cette manière, toutes les jalousies et tous les ferments de désunion se trouveront supprimés. Il n'y aura plus ni père, ni mère, ni époux, ni frère, ni amant, ni ami. Chacun possédera vis-à-vis de chacun toutes ces qualités, et il y aura une uniformité parfaite entre tous. On se consolera aisément de la mort des uns par la vie des autres, puisqu'il n'y aura plus aucune raison de s'attacher particulièrement à personne. Rien de plus exquis ne peut être imaginé.

Sans doute, une fois ce système créé, l'étranger s'empressera de l'imiter. Toutefois, en attendant, un cordon de forteresses protégera la frontière. Cinq hommes et cinq femmes seront délégués par chaque hôtel pour la défense nationale. Il y aura donc ainsi 400.000 défenseurs des deux sexes, qui seront renouvelés chaque année. Un système de sonneries de cloches avertira toute la France en trois heures d'une invasion étrangère.

Le service militaire sera peu pénible. Grâce aux cuirasses perfectionnées, le danger de mort sera à peu près supprimé. Les soldats seront transportés en voiture d'hôtel en hôtel, ce qui diminuera beaucoup leurs fatigues. On mettra toujours au même poste un homme et une femme afin qu'ils puissent se désennuyer. Les grades seront réglés uniquement par l'âge. Il est hors de doute que la vue de ces 400.000 combattants, munis d'une bonne artillerie et appuyés au besoin par plusieurs millions de combattants n'enlève à nos voisins toute velléité hostile.

Pour se ménager un accueil favorable des puissances publiques, Chappuis accorde à la cour un carré de 8.000 toises de côté où seront groupées toutes les splendeurs. Le nombre des princes, des princesses, de leurs enfants, des courtisans, est établi avec une rectitude géométrique. Des escouades de délégués des hôtels se relayeront chaque quinzaine pour remplir tous les services. La cour n'aura d'autre fonction que de se divertir et de traiter avec les puissances étrangères. On pourra peut-être faire payer une redevance aux étrangers qui viendront la visiter ou voudront se faire naturaliser, et consacrer les sommes ainsi obtenues à acheter des matières pénibles à produire, telles que des métaux travaillés. Toutefois il vaudrait peut-être mieux encore supprimer toute espèce d'argent monnayé en France.

Tel est ce plan merveilleux. Nul homme de bonne foi ne comparera l'état social actuel à celui dont on vient de tracer le projet. Une à une Chappuis examine toutes les conditions humaines, et il établit longuement et patiemment tout ce qui éloigne chacune d'elles du bonheur. Les opprimés auraient évidemment le droit de se soulever et d'anéantir leurs oppresseurs. Il sera plus humain de les accueillir dans l'association s'ils veulent y consentir : c'est surtout en somme par ignorance qu'ils ont péché ; le tiers état est aussi coupable qu'eux, sinon davantage, lui qui, ayant la su-

périorité numérique, a laissé s'établir et subsister notre société anormale. On pourra même,
pour rendre le changement encore plus agréable aux riches, leur conserver aux débuts quelques privilèges qui seront supprimés à la seconde génération. '

Je voudrais avoir évité à mes lecteurs au
moins une partie de l'ennui et de l'exaspération
que laisse la lecture du manuscrit de Chappuis.
Le pauvre homme, dont la cervelle, nous allons
le voir, était mal assurée, crut avoir découvert
le secret du bonheur universel, et il en développa les clauses de la même manière qu'il mettait au net les pétitions qu'on lui demandait de
rédiger : en style juridique et macaronique,
avec périphrases, circonlocutions, redites,
parenthèses, considérations, avec une abondance intarissable et une patience que son lec-
teur lui envie. Il est curieux, chez un homme
de la fin du xviiie siècle, de ne reconnaître
aucune influence littéraire prédominante : pas
un écrivain du siècle n'est nommé par Chappuis,
pas même Rousseau. Évidemment, il avait dû

lire passablement, mais il dédaignait de citer, craignant de paraître moins original. Il serait puéril de montrer les pauvretés de cette utopie. Mieux vaut en noter quelques caractères qui ont leur importance. Personne n'avait poussé aussi loin la confiance dans la bonté de la nature ; personne n'avait attaqué d'une manière plus absolue toute espèce de propriété ; personne n'avait tracé avec plus de précision le plan d'une espèce de phalanstère dont bien des traits se retrouveront plus tard. Il est certain qu'il faut faire une petite place à Chappuis parmi les précurseurs du socialisme au xviiie siècle.

III

Le plan social trouvé, il fallait le faire exécuter et, si possible, le perfectionner. C'est à quoi s'adonna Chappuis dans les années qui suivirent.

Il est visible que son cerveau ne put contenir tout l'orgueil dont l'enfla sa trouvaille. Il se fêla. Et l'on voit se développer chez le malheureux une agitation fébrile et méfiante qui est un symptôme évident de l'aliénation mentale.

Le fait de tenir entre ses mains le bonheur de l'humanité le troubla à tel point qu'il résolut, avant tout, dé mettre une copie de son œuvre en lieu sûr. Il partit pour Salins en février 1789. Son voyage dura vingt jours. Il se persuada qu'il fit des rencontres périlleuses, qu'on avait voulu lui dérober son précieux manuscrit, et soupçonna à la fois ses cousins, contre lesquels il nourrissait une envie haineuse, et le pouvoir arbitraire, jaloux de détruire son œuvre, « par cela seul que la satisfaction de tous les vœux du peuple y était offerte sans nulle exception pour personne ». Il prit à peine le temps d'embrasser sa mère et sa fille, qu'il n'avait pas vues depuis quinze ans. Cette dernière s'éprit, semble-t-il, d'une grande tendresse pour ce père qui l'avait abandonnée tout enfant. Elle le combla dès lors de lettres, d'une grosse écriture maladroite et sans orthographe, mais d'une affection naïve, presque touchante. « Mon très cher papa, écrivait-elle le 3 « jeanvier » 1790, permetté que dans le renouvellement de cest année, jé viene vous renouveller mes sentiments de respects et d'atâchement et vous feure part des vœux que je forme pour tout ce qui peut contribuer à votre satisfaction, car mon bonheure dépend de celui dont vous jouirez. Vous trouverez peut-être que je vou écri bien souvent, mais, élas ! je nè passe point de si doux moments que ceux où je mentretiens avec vous. » Et elle signait : « Votre très humble fille et servante Chappuis fillè. » Noùs avons un certain nombre de ces épîtres où s'entre-croisaient les vœux pour le père prodigue, les nouvelles de la santé de la pauvre « menmen » septuagénaire, et les demandes de secours. Chappuis avait sans doute laissé entrevoir ses espérances. Hélas ! il avait bien autre chose à faire qu'à répondre à sa fille ou à ses amis : le plan social ne supprime-t-il pas tout lien de parenté ? Chappuis, sur ce point là, s'y conformait d'avance.

Rentré malade à Paris, il fut vite guéri et partit pour Versailles afin d'y soumettre le plan social aux autorités compétentes. Le 16 avril, il écrivait à Necker qu'il venait de découvrir « les vérités les plus importantes à l'espèce humaine » et les moyens d'établir «.le bonheur général sans exception, ni lésion, ni fatigue d'aucun individu du tiers état ». Ces moyens, disait-il, « je les atteste de toute vérité, de toute certitude, de toute justice, et les garantis tels aux Français sur ma tête. Elle a plus de quarante années, et plus de neuf de retraite philosophique ; ce doit être assez pour inspirer de la confiance dans un citoyen pénétrant et délicat. » On a déjà pu juger de la pénétration de Chappuis ; quant à sa délicatesse, elle apparaît surtout dans la fin de sa lettre où, en échange de son plan, il sollicite un secours « plus relatif, dit-il, à l'importance de son objet ou à la dignité nationale qu'à mon extrême frugalité ». Cette extrême frugalité se contenterait de 100.000 livres comptant et d'un viager de 20.000 livres par an : singulière logique de la part de qui prétendait supprimer toute propriété.

Necker eut l'impertinence de ne pas répondre. Ainsi firent également un conseiller au parlement et un homme de cour que Chappuis voulut gagner à ses idées. Tous trois gardèrent un « silence évidemment répréhensible ». Il entreprit quatre ou cinq députés de Franche-Comté ; mais ils éludèrent la conférence qu'il leur proposait. Alors, en juin 1789, il adressa à l'Assemblée nationale une lettre où il demandait à s'expliquer à la barre : Sans doute, disait-il, il y avait eu quelque exigence dans sa lettre à Necker, « mais la sublimité des propositions autorisait à les présenter d'une manière tout extraordinaire ; le ministre ne pouvait être trompé ; ma personne garantissait la restitution des avances dans le cas où mon travail n'eût pas démontré l'infaillibilité de mes moyens ; l'urbanité française ne laisse aucune excuse sur le défaut de réponse, plus inconcevable encore pour des objets de cette importance. » Quoiqu'il offrit maintenant de communiquer son

plan d'une manière toute désintéressée, il ne
fut pas plus heureux. Il s'adressa alors à Mirabeau et lui extorqua la promesse d'examiner
son manuscrit. La mort du père de Mirabeau
fournit à celui-ci une échappatoire. Un député
curé parvint aussi à l'éluder.

Sur ces entrefaites, la prise de la Bastille fit
comprendre à Chappuis que sa présence à
Paris serait utile pour calmer les esprits. Il alla
distribuer des prospectus dans les corps de
garde du faubourg Saint-Antoine et en porta
dans plusieurs sections. Il dut un jour prendre
la parole pour exposer ses idées à l'assemblée
de la paroisse Sainte-Marguerite. Puis, au dernier moment, on le renvoya à l'hôtel de ville.
Alors il acheta des caractères d'imprimerie
et imprima un prospectus qu'il afficha le
20 mars 1790 et dont il adressa le 11 avril
quatre-vingts exemplaires au maire Bailly. Probablement un manuscrit intitulé : *Offre patriotique* est le brouillon de ce « bulletin conci-
liateur ». « Excepté le décès et l'indisposition »,
tous les maux de l'humanité devaient être guéris

grâce aux découvertes d' « un citoyen qua-
dragénaire, honorablement né, intact et lumineux ». Le pauvre Chappuis, hélas! n'était
plus très intact, et encore moins lumineux;
d'autres projets politiques s'agitaient dans sa
tête, et la fin de son manuscrit est à peu près
totalement incompréhensible. Ses conseils une
fois suivis, conclut-il, « c'est pour lors que
l'illustre empire des Français sera réellement
cette mère commune, cette heureuse patrie,
dont le nom seul tient déjà lieu de tout à ses
bons mais trop confiants citoyens, qui, faute de
demander à la voir de près, croient de bonne foi
l'adorer et la servir en s'immolant, en s'enchaî-
nant eux-mêmes dans leurs continuelles of-
frandes vers une ombre ingrate et gloutonne,
mystérieusement exposée aux reflets d'un faux
jour par les cupides soins d'une ténébreuse
politique ».

Trois espèces de préoccupations évidemment
troublent la cervelle du malheureux et s'y en-
chevêtrent.

C'est d'abord l'idée de récupérer l'argent

qu'il a déboursé en 1780, et l'indemnité qui lui est due depuis cette époque. Il multiplie les pétitions et les démarches à cette fin, d'ailleurs sans aucun succès.

C'est ensuite la conception d'une espèce de système de roulement qui doit assurer le contrôle perpétuel du peuple sur l'administration. Il est difficile de suivre exactement sa pensée. Dans ses moments les plus lucides, il semble avoir voulu que l'on confectionnât trois « rôles », trois registres de tous les citoyens actifs : ceux inscrits dans le premier, comprenant tous les citoyens de vingt à soixante-dix ans, seront appelés tour à tour à surveiller les affaires et les magistrats municipaux. Un autre rôle comprendra tous les hommes de vingt-cinq à soixante ans : douze d'entre eux, renouvelés chaque mois, auront le contrôle des affaires départementales. Enfin dans le même rôle une troisième catégorie de personnes sera déléguée pour exercer les mêmes fonctions auprès de l'Assemblée nationale et du gouvernement central. Chacune de ces représentations directes

du peuple sera en droit de déposer les fonctionnaires ou de suspendre les délibérations des
corps auxquels elle est adjointe. Ainsi seulement
les élections seront satisfaisantes et le peuple
se gouvernera réellement. A travers l'effroyable
chaos qui règne dans le cerveau de Chappuis,
on distingue certainement quelques lueurs curieuses sur les imperfections du gouvernement
parlementaire. Ailleurs on trouverait encore
quelques phrases intéressantes sur les droits
des minorités et l'injustice des décisions toutes-
puissantes de la majorité.

Mais c'est toujours le plan social qui demeure son objet principal. Il ne songe pas à en
discuter les bases, à en examiner la possibilité. Il se contente d'en ressasser les avantages
avec une patience et une logique d'aliéné, se
perdant dans des démonstrations interminables
pour prouver l'évidence : c'est-à-dire que le
bonheur qui existe est moindre que celui qu'il
rêve.

Mais il s'est aigri par suite de ses échecs et
de l'exaltation croissante qui en est résultée.

Necker, ce ministre étranger qui a dédaigné ses idées, est en butte à des anathèmes violents. Il critique tout l'ordre social avec beaucoup plus d'âpreté. Les privilégiés sont « des aigles élevés à nos dépens et prêts à retomber en chauve-souris venimeuses ». Le service militaire est « une trappe cruelle et funèbre » ; le service de l'Eglise « un tortillage pitoyable ». Par une habitude fréquente chez certains aliénés, il y a des mots qui prennent pour lui une importance capitale, presque magique : tel est le mot « barbon », qu'il applique avec une volupté manifeste à ses adversaires. L'ordre qui règne est l'ordre « aristocrati-politi-barbonique ». Il n'a pas assez d'injures pour « les barbons jaloux et ignorants », « les frauduleux barbons », pour « cette poignée de barbons qui fléchissent les genoux devant la cuiller à pot de nos cuisinières », pour « leur balourde et scélérate volonté..., pour leurs antiques et frauduleuses erreurs ».

Étudiant la déclaration des droits de 1789, il en montre les lacunes et les erreurs. Il renouvelle ses attaques contre « la bévue antique des folles propriétés ». « Cette cupide et féroce propriété » constitue « un vol réel frauduleusement déguisé ». Il revient sur son origine, montre à nouveau son développement et ses conséquences : née de l'ignorance égoïste des forts, elle perpétue l'état de guerre sur la terre. Seule la monnaie, dont il est à cent lieues de soupçonner le rôle économique, suscite à un point égal les fureurs de Chappuis. Le roi est toujours respecté, mais les prêtres et le Dieu qu'ils enseignent sont fort maltraités. C'est, je suppose, à la divinité catholique que Chappuis propose de faire un procès comme « au directeur général et complice des barbons ». On peut prouver « que la divinité est un chef de brigands, même un incendiaire et un archi-empoisonneur », puisqu'elle permet les crimes et les accidents et fournit les matières qui les produisent. Et il ne reste qu'à proclamer sa déchéance dans un autodafé dont Chappuis décrit avec complaisance les bizarreries.

Tout autre est sa divinité, à lui, Chappuis. Le

dogme de la « surabondance générale », qui est la base de son plan social, semble à son cerveau confus être clairement établi de deux manières : d'abord, il est évidemment conforme à la volonté divine; en second lieu, il est non moins conforme à la volonté générale des hommes, qui est souveraine. Donc la surabondance existe. Ce raisonnement baroque paraît irréfutable à Chappuis, et il en part avec confiance pour énumérer toutes les magnificences de son ordre social : depuis le « coussin de volupté et de mollesse » pour chacun, jusqu'aux « machines sûres..., dociles à la main d'un enfant de quatre ans » qui exécuteront tous les travaux. Tous les quarts d'heure, des jeux d'orgue rendront hommage à la bonté de l'Etre suprême, et l'on célébrera en son honneur des danses privées du plus beau caractère. L'égalité civile et politique sera étendue non seulement aux femmes, mais aux enfants. « Mais pourquoi encore ce mot d'enfants, qui semble ravaler nos égaux du premier âge ? » Ils voteront dès l'âge de quatorze ans.

En attendant de laisser de côté « l'inutile bévue du patriotisme », née de la distinction des propriétés, on peut toujours supprimer la guerre. Le moyen est simple. D'abord on distribuera aux soldats des cuirasses du poids de trente livres, complètement impénétrables au fer et au feu, au moins par devant. A la prochaine guerre, on aura soin de placer les hommes judicieusement : à la manière dont on les dispose actuellement, « ne dirait-on pas que les balles ennemies fussent des faisans rôtis dont il fallût empêcher la chute dans la poussière ? » Ensuite on brûlera à petit feu, pendant quinze jours, tous les officiers faits prisonniers à l'ennemi. Il n'y a pas à douter qu'une guerre ainsi menée ne doive être la dernière.

Une question, entre toutes, préoccupa Chappuis : ce fut celle de la population. Il voyait dans son développement une des causes principales des guerres et de l'égoïsme, en même temps qu'une grande difficulté à l'égard de la « surabondance générale », base nécessaire de son ordre social. De là des considérations tout à fait analogues à celles que Malthus allait présenter peu d'années après. Quoiqu'il pensât que la France pourrait nourrir 150 à 200 millions d'habitants, Chappuis jugea ce chiffre très inférieur à celui qu'atteindrait bientôt le développement de la population, stimulé par le bien-être et par le roulement des femmes. En trente années la France aurait, au bas mot, quatre-vingt-seize millions de citoyens ; et, comme les hommes, mieux nourris, vivraient au moins jusqu'à quatre-vingt-dix ou cent vingt ans, il serait très possible qu'en soixante ans ce chiffre fût porté à neuf cent soixante millions. Ces hallucinations montrèrent à Chappuis la nécessité « d'employer un principe infaillible pour régler et fixer la progression de la population, attendu que sa progression naturelle augmenterait le nombre des individus de l'espèce humaine au point de manquer de subsistance ». Il faut éviter aux hommes d'en être réduits à s'entretuer ou à se manger les uns les autres. On renoncera donc au dogme qui prescrit d'avoir le plus d'enfants possible ; au contraire, on étudiera soigneusement les moyens de proportionner la population à la puissance économique du pays. Peut-être suffirait-il de rendre plus lent le roulement des unions qui évidemment stimulera beaucoup la reproduction. On verra combien en moyenne chaque femme aura d'enfants. On vérifiera quelles plantes portées à la ceinture peuvent empêcher de concevoir. On peut croire qu'on arriverait aisément à rendre la population stable ou à lui donner un accroissement modéré en réglant ainsi le nombre des naissances. Toutefois, si ces précautions étaient insuffisantes, « il nous resterait toujours une autre ressource infaillible, quoique très dure, mais infiniment préférable à l'usage actuel d'employer le fléau de la guerre..., savoir, de suffoquer les nouveau-nés par le moyen du charbon, qui ne cause point de douleur. La nature semble indiquer ce moyen, s'il est vrai que les mères perdent leur lait du jour que l'enfant ne vit plus. » N'est-il pas curieux de voir Chappuis formuler vingt ans d'avance les conclusions les plus révoltantes auxquelles arriveront les fanatiques de Malthus?

IV

Toutes ces belles découvertes, si elles avaient empli le cerveau de Chappuis jusqu'à le faire éclater, laissaient sa bourse vide. Il n'obtenait pas son indemnité. Son bureau de copiste ne marchait plus. Heureusement, deux de ses parents, Chaudouët, qui était chef de bureau à la Commune, et Ferroux, qui fut représentant du peuple, lui vinrent en aide. Chappuis rédigea plus tard un mémoire qui rappelle la manière de *Rousseau juge de Jean-Jacques* et où il les chargeait des accusations les plus noires : reprenant toute leur conduite à son égard depuis son enfance, il les accusait, eux et leurs parents, d'avoir ruiné sa mère, d'avoir probablement essayé de l'empoisonner lui-même, et d'avoir commis toutes les indélicatesses imaginables. Chaudouët entre autres aurait fait une faillite frauduleuse, puis aurait été condamné par le Châtelet (dont le Parlement cassa à tort la sentence) au fouet, à la marque et aux galères, aurait été mouchard de la police et, comme chef de bureau des subsistances, aurait volé 800.000 livres (par mois !) à la Commune. Peut-être bien la jalousie féroce de Chappuis pour ses cousins riches était le vrai fondement de ces accusations. Ce qui est certain, c'est que ce fut Chaudouët qui, l'ayant rencontré par hasard, lui procura un petit emploi au bureau des subsistances ; ce dont Chappuis ne lui sut d'ailleurs aucun gré : n'avait-il pas *failli*, lui Chappuis, au temps de sa faveur au ministère, procurer à Chaudouët un emploi de 10.000 livres par an ! Au reste, cette place était bien peu digne de lui ; il se trouvait, déclare-t-il, « après des enfants encore laiteux et folâtres », et « les premières ainsi que les dernières fonctions de ce bureau n'étaient qu'un jeu pour Chappuis qui, depuis plus de vingt ans, était au-dessus de toutes les opérations financières et administratives ». Il changea plusieurs fois de fonctions. Quelques-unes agréèrent davantage à son orgueil. Mais il eut le crève-cœur de voir l'infâme Chaudouët, aussi dépourvu d'orthographe que de probité, devenir son supérieur dans son propre bureau et y amener plusieurs commis mieux appointés que lui-même.

Une fâcheuse aventure augmenta le trouble de ses esprits. Chappuis, sans être terroriste, était bon patriote. Il s'arrêta un jour devant une affiche séditieuse appliquée au Pont-Neuf. On y prêchait la guerre civile. Chappuis, tout en blâmant cette doctrine criminelle, se mit à développer tout haut les avantages de son système social. C'était sans doute le temps de la réaction anti-jacobine, où les idées communistes prenaient avec les babouvistes un aspect menaçant et excitaient les fureurs des modérés. « Plusieurs jeunes gens, à tournure prestolette et muscadine, affectant de traiter Chappuis de jacobin à la vue de ses cheveux ronds, se jetèrent sur lui sans le connaître, le poussèrent dans un corps de garde », et de là le conduisirent à un comité révolutionnaire. Il fut mis en liberté et alla conter son aventure à son bureau. Chaudouët se vanta que, si son arrestation eût été maintenue, il l'eût fait délivrer dans les vingt-quatre heures. Mais on vint prendre auprès de lui des informations sur Chappuis ; et, sans doute pour qu'on n'inquiétât pas le malheureux, il déclara (ce qui était après tout la vérité) « que c'était un fol ». « On sait, ajoute Chappuis, que c'est la phrase technique des anciens mouchards envers toute personne qui répand la lumière sur leurs pièges et leurs repaires. »

Ce fut donc Chaudouët qu'il rendit responsable de son incarcération au Plessis, survenue peu après. Les journaux répandirent le bruit qu'il était le chef d'une grande conspiration, et que les œufs durs blancs et rouges qu'on lui portait chaque matin pour sa nourriture, constituaient un moyen de correspondance. Il était enfermé avec des gens qui l'empêchaient de rédiger sa défense. Enfin l'intervention d'un autre cousin le fit relâcher.

Une autre disgrâce l'attendait. Le ministre supprima le tiers des employés des bureaux : Chappuis, toujours, dit-il, par la malveillance de Chaudouët, fut compris dans le nombre des supprimés et se trouva sur le pavé.

Peu à peu, tout venait à lui manquer. Depuis longtemps il n'avait plus donné signe de vie à sa fille qui lui écrivait inutilement et ne savait même plus son adresse. Elle finit par se marier sans son consentement, ce qui l'irrita fort. Un ami commun obtint enfin l'adresse de Chappuis auprès de Mme Ferroux, la femme du représentant, et il écrivait à celle-ci en la remerciant : « Chappuis est un grand sot de blâmer le mariage de sa fille ; lui qui a tout mangé, tout dilapidé, qui laisse sa mère dans la plus haute misère ! » Heureusement Carrière, le mari de la jeune Chappuis, était un brave homme. « Il ne mangerait pas une pomme sans en envoyer un quartier à la mère de Chappuis » ; et le correspondant ajoutait en terminant : « Chappuis est plus que fol... Comme vous dites le voir souvent, accrochez-lui quelques écus ; je les remettrai à la malheureuse mère qui ne sort plus de sa chambre et qui est toute seule. »

Le 25 ventôse an V, ayant enfin l'assurance que son père recevrait sa lettre, la pauvre fille lui écrivait : « Je suis établie depuis quatre ans, je suis heureuse avec mon mari, il a beaucoup de bonté pour moi ; il est d'une conduite sans reproches ; il n'a pas de fortune, mais son état l'en dédommage ; j'ai bien du bonheur de l'avoir épousé, car nous serions mortes de faim sans lui. » Un remboursement en mauvais papier avait achevé de ruiner la malheureuse mère de Chappuis, que ses petits-enfants se disposaient à recevoir chez eux. Un enfant était né de leur mariage, et ils suppliaient Chappuis de répondre et d'oublier toutes les querelles passées.

Répondit-il ? Nous n'en savons rien. La dernière lettre de sa fille qui nous soit connue est datée du 26 germinal an VI. Elle annonçait la mort de la grand'mère après de cruelles souffrances ; en vain le brave Carrière avait « emploiez toute les ressource de lard pour la soulagère ». Elle venait d'expirer, âgée de quatre-vingt-deux ans.

Pendant ce temps, Chappuis, privé de son emploi, vivait toujours péniblement. Nous le voyons parasite chez le riche Ferroux, son cousin, le représentant du peuple. Mais Mme Ferroux lui ayant déclaré qu'elle se serait jetée à l'eau si elle avait été aussi malheureuse que lui, il fut fort froissé de ce propos qu'il jugea dépourvu de délicatesse, et tint dès lors ses cousins en défiance. Heureusement il servait d'homme d'affaires à un autre Ferroux, son cousin également, qui habitait Dijon. Il lui procurait des ouvriers et des meubles et se chargeait de ses achats pour une maison de campagne que son cousin faisait construire. Il s'acquittait d'ailleurs assez négligemment de cet office qu'on lui avait sans doute accordé par pitié ; et il voulut exploiter son cousin pour réaliser une dernière invention qui lui trottait en tête après tant d'autres. Ferroux, en effet, lui écrivit le 8 nivôse an VIII : « Je vous remercie, mon cher Chappuis, de l'offre que vous me faites de m'associer à votre spéculation alphabétique. Ce sont des entreprises qui ne conviennent qu'aux imprimeurs. Vous me faites honneur de me croire un capitaliste. Vous ne

savez plus, ou vous oubliez que la masse exor-
bitante des impôts, l'emprunt forcé et les réquisitions ruinent les propriétaires. »

Chappuis était sans doute aux abois. Une
lettre à lui adressée vers la même époque nous
le montre quêtant une place de copiste ou d'é-
crivain public chez une femme Lafont.

Depuis plusieurs années il faisait ménage
commun avec une citoyenne Renaud, « ancienne marchande de vin » ; les quittances de
loyer et les papiers d'affaires du triste couple
sont éloquents sur leur situation. Quelques années auparavant ils occupaient un logement
au premier étage du n° 42 de la rue des Noyers ;
le loyer de chacun d'eux était de 18 livres
15 sols par trimestre. Maintenant ils sont des-
cendus à une petite boutique, 27, rue de la Bû-
cherie, dont le loyer total est de 12 francs par
trimestre. Les dettes se multiplient. En l'an VIII,
Chappuis est saisi par le ministère de l'huissier
Sapinault. En l'an IX, il reçoit la visite d'un
garnisaire, faute d'avoir payé sa contribution de
l'année écoulée, 4 francs et quelques centimes.

Il est probable que l'an IX vit la fin de ses misères. Nous n'avons aucun document le concernant, postérieur aux premiers mois de cette année. Il mourut sans doute à force de privations, de déceptions et d'épuisement. Ses papiers furent séquestrés faute d'héritier connu, et ont dormi un siècle dans la poussière.

Telles furent la vie et les idées de Jean-Claude Chappuis. Je ne veux nullement en faire un héros ou un penseur. Ce fut un personnage assez peu recommandable en somme, de cerveau fumeux, agité et incomplet. Tel qu'il est, cet écrivain médiocre, pauvre de style et d'intelligence, m'a paru digne d'être tiré de l'oubli. C'est assurément un précurseur convaincu de Malthus et du socialisme. Cette dernière qualité surtout mérite d'attirer sur lui l'attention. Il y eut, à partir de la deuxième moitié du XVIIIe siècle, un assez grand nombre d'esprits qui rêvèrent une transformation de la société dans un sens égalitaire et communiste. En dehors des politiques, jacobins ou babouvistes, on rencontre nombre d'écrivains, plutôt utopistes qu'hommes de parti, qui se plaisent à chercher les bases d'un nouvel ordre social : Saint-Martin, Gosselin, Fauchet, Rétif de la Bretonne, Caffarelli du Falga, Chappuis et quelques autres furent presque les contemporains de Fourier et de Saint-Simon, et leurs noms doivent en être rapprochés. Le premier socialisme français ne fut pas un mouvement de pensée original et sans antécédents. La Révolution française vit bouillonner une foule d'éléments socialistes. On en mesura l'importance et la signification quand les transformations de la société eurent mis à l'ordre du jour la question sociale proprement dite. C'est alors qu'apparurent les premiers théoriciens socialistes français ; ils ne sont que les derniers venus de beaucoup de penseurs dont les recherches eurent des principes analogues, mais avaient moins attiré l'attention parce qu'elles s'étaient produites trop tôt. Et c'est peut-être moins par la supériorité du talent que pour avoir écrit au bon moment que les noms de Fourier et de Saint-Simon sont demeurés célèbres, tandis que ceux de leurs précurseurs sont restés dans l'oubli. Il est juste et conforme à la vérité historique de ramener quelque peu l'attention sur ces dernier.

VIII

JOHN OSWALD

ÉCOSSAIS, JACOBIN ET SOCIALISTE (1)

John Oswald fut un de ces étrangers qu'attira à Paris un enthousiasme irrésistible et désintéressé pour la Révolution française. L'histoire, qui a noté les noms de beaucoup d'entre eux et consacré la mémoire de quelques-uns, est demeurée à peu près muette sur son compte. Le peu que nous savons de lui le fait entrevoir

(1) Les renseignements qui suivent, quand ils n'ont pas été puisés dans les sources (*OEuvres* d'Oswald, ou documents contemporains) que j'indique avec références, sont extraits des deux catégories d'ouvrages suivants : 1º Bibliographies générales : *Catalogue of five hundred celebrated authors of Great Britain now living* (1788), — *Lives of Scottish Poets*, — Anderson, *Scottish Nation*, — Gorton, *Biographical Dictionary*, — Watts *Bibliotheca Britannica*, — Wright, *Biographia Britannica litteraria*, — *Dictionary of national biography*; — Biographies

comme un personnage curieux ; je serais heureux, si les quelques pages qui suivent pouvaient déterminer quelque érudit à vérifier et à compléter ce que ses biographes et ses œuvres nous apprennent de lui.

I

John Oswald naquit à Édimbourg, probablement entre les années 1755 et 1760. Ses parents tenaient un *coffee-house*, c'est-à-dire un café de deuxième ordre. Il commença par être apprenti-bijoutier. Puis, grâce à ses économies, ou grâce à un héritage inattendu, il put acheter un brevet d'enseigne au 42e de ligne (Highlander). Il alla faire avec son régiment la guerre

Arnault, Michaud, et Didot, etc.; 2° Ouvrages particuliers: Redhed Yorke, *Letters from France*, 1804. — E. Varé, *Etudes sur les poètes anglais... John Oswald*, 1859, — Alger, *Englishmeni n the French Revolution*, 1889, — André Lichten-berger, *John Oswald, un précurseur du socialisme en Angleterre* (*Revue encyclopédique* du 21 nov. 1896). — J'ajoute que j'ai fait plusieurs démarches auprès des hommes les plus instruits sur l'histoire de la Révolution en général, sur son histoire militaire en particulier: MM. Chuquet, Aulard et Chassin n'ont pu m'indiquer dé piste nouvelle où chercher des traces d'Oswald.

d'Amérique et y gagna le grade de lieutenant. En 1780, le régiment fut embarqué pour les Indes Orientales. Pendant la traversée, Oswald eut un duel, d'ailleurs sans issue fâcheuse. Sa pauvreté l'obligeait à partager l'ordinaire des soldats et à délaisser le mess des officiers, où il ne pouvait payer sa cotisation. Il fit aux Indes la guerre de Malabar, et s'instruisit sérieusement des coutumes des peuples où il vécut : il parcourut notamment pendant assez longtemps le pays des Turcomans et des Kurdes. Il semble que ses entretiens avec les brahmanes ne furent pas sans influence sur son esprit, et qu'il leur emprunta ses idées végétariennes et son respect pour la vie des animaux. Il ne tarda pas à donner sa démission et à vendre son brevet. Ses ennemis prétendirent qu'on l'y obligea à cause de sa lâcheté. La chose paraît peu vraisemblable, étant donnée l'estime que lui témoigna plus tard son colonel, le rencontrant dans un théâtre à Londres. Il est probable que ses idées philosophiques, politiques et sociales s'aigrirent, par suite des humiliations

que lui valait sa situation de fortune et de l'indi-
gnation philanthropique que lui causait le sort
misérable des Indiens ; et ce furent elles, sans
doute, qui le déterminèrent à porter ailleurs
son activité.

En 1784, il revint en Angleterre, et dès lors
il s'adonna aux lettres. Il se maria et eut trois
enfants : deux garçons et une fille. C'était,
nous disent ses biographes, un homme de taille
moyenne, d'une belle prestance, d'une figure
noble et grave, de manières sobres et un peu
raides. Il dédaignait la perruque et la cravate,
et portait les cheveux à la Titus, les habits
dégagés, les gilets à grands revers. Ses idées
plus que sa mise étaient faites pour scandaliser
ses contemporains, et en particulier ses compatriotes. Sans éducation première, il s'était
instruit lui-même. Ses voyages lui avaient appris
un grand nombre de langues ; il savait l'arabe,
le français, l'italien, l'espagnol et le portugais.
Pendant son retour des Indes, il s'était mis à
l'étude du latin et du grec avec application et
succès. Il était, nous dit-on, « bon, aimant,

modéré jusque dans ses excès », sincèrement
enthousiaste des théories les plus bizarres ou
les plus avancées. Il avait appris des brahmanes
le respect des animaux, et se nourrissait ex-
clusivement de fruits et de légumes, laissant
les viandes dans son assiette aux repas où
il était prié. Mais ce furent surtout ses maximes philosophiques et politiques qui le firent
remarquer. Il était athée et démocrate. Il ex-
prima ses convictions dans de nombreux écrits,
qui sans doute lui firent bien des ennemis et
lui rendirent pénible le séjour dans son pays
natal.

Aussi, quand la Révolution française éclata,
il prit feu pour elle et partit pour la France,
content peut-être d'échapper en même temps à
des créanciers. On ne sait pas la date exacte de
son arrivée en France. Ce fut, semble-t-il, au
Cercle social qu'il trouva ses premiers amis.
On y correspondait beaucoup avec l'étranger,
et l'on faisait grand accueil à tous ceux qui
paraissaient pouvoir aider à avancer l'ère de la
fraternité universelle. Oswald se lia surtout

avec Bonneville, qui l'a mentionné plusieurs fois avec éloge dans ses écrits.

Il se fit également affilier aux Jacobins à une date qui n'est guère mieux connue. Il ne figure pas dans la liste des membres de la Société, dressée le 21 décembre 1790 (1). D'autre part, dans les qualités qu'il se donne sur la couverture de son livre *The Cry of nature*, paru en 1791, figure celle de *member of the club of the Jacobines (sic)*. Il paraît s'être appliqué à multiplier les relations entre les sociétés démocratiques anglaises, alors assez nombreuses, et les sociétés de France, à venir en aide à ceux de ses compatriotes que rendaient suspects, en France, leurs opinions ou leur origine, à faire traduire du français en anglais ou de l'anglais en français des ouvrages patriotiques, enfin à mériter ce titre d'« Anglo-Franc (2) » qu'il aimait à se donner.

(1) Aulard, *la Société des Jacobins*, t. I, p. xxxiii et suiv. Cette liste est d'ailleurs incomplète, comme le note M. Aulard lui-même. On ne peut donc rien conclure de rigoureusement exact du fait qu'Oswald n'y est pas mentionné.

(2) Titre qu'il prend sur la couverture du *Gouvernement du peuple.*

Il prit la parole aux Jacobins en plusieurs occasions. La Société patriotique de Manchester avait adressé au club des Jacobins deux députés, MM. Cooper et Watts, pour lui demander l'échange d'une correspondance patriotique. Dans une première séance (13 avril 1792), les députés anglais avaient été favorablement accueillis, mais sans obtenir de réponse définitive. Le 27 mai, Oswald monta à la tribune et sollicita énergiquement cette affiliation. Comme Robespierre essayait de le rendre suspect par quelques paroles perfides, il répliqua fièrement : « Je ne répondrai pas plus aux soupçons qu'a jetés sur moi M. Robespierre, qu'à ceux d'aucun autre membre. Je suis trop au-dessus d'eux. » Le 4 juin, de nouveau, après s'être excusé de la manière dont il parlait le français, il reprit la parole, dépeignit l'irritation que la députation Cooper et Watts avait soulevée en Angleterre, fit un tableau pathétique des souffrances de la Société de Manchester et demanda qu'il lui fût écrit une lettre de consolation et d'encouragement. On trouva son ardeur exagérée, et, sur la proposition de Collot d'Herbois, on ajourna sa demande (1).

Dans la séance du 6 juin 1792, Legendre avait dénoncé à la suspicion des Jacobins un aventurier qu'il prétendait être Anglais. Le 10 juin, Oswald vint rétablir l'identité de cet homme. Il déclara qu'il n'était nullement Anglais, mais que c'était un Français nommé Guedon, qui avait pour métier de calomnier les Anglais en France et les Français en Angleterre. Il s'engageait à le démasquer publiquement à la première occasion (2).

La journée du 10 août remplit Oswald d'enthousiasme. Le 22, il monta à la tribune des Jacobins et se plaignit que les journaux anglais eussent dénaturé ce grand événement. Il demanda qu'on rédigeât une circulaire à la na-

(1) C'est ainsi que j'interprète les textes cités dans Aulard, *op. cit.*, t. III, p. 499 et suiv.; 621 et suiv. Il y a évidemment dans les documents une confusion entre Watts, ou Waths, député de la Société de Manchester, et Oswald. L'explication que je donne me semble la plus plausible. Un étranger nouveau venu, comme Watts, n'eût pas osé faire à Robespierre la réponse qu'il put recevoir d'Oswald.

(2) Aulard, *op. cit.*, t. III, p. 678.

tion britannique et qu'elle fût envoyée à tous les clubs populaires du Royaume-Uni, afin de dissiper tous les faux bruits qui se répandaient. Après quelques discussions, le principe de cette mesure fut adopté. Mais elle ne fut pas immédiatement réalisée. Aussi, le 30 septembre Oswald revint à la charge dans un discours véhément : « Français, disait-il, vous avez chassé de chez vous le monstre royauté ; mais, tandis que cette bête féroce se couche dans le champ de vos voisins, pouvez-vous vivre sans alarmes ? » Il dénonçait Thellusson, le consul de France à Londres, et insistait encore pour la rédaction et l'envoi de l'adresse (1). Il fut plus heureux cette fois que dans l'affaire de la Société de Manchester : le 3 octobre, l'adresse fut lue, et l'envoi décrété.

L'ardeur patriotique d'Oswald fit de lui une manière de personnage. Ce fut surtout, semble-t-il, parmi les Girondins qu'il fut d'abord répandu. Brissot demanda pour lui le droit de

(1) Aulard, *op. cit.*, t. IV, p. 346 et suiv.

cité, d'ailleurs sans succès. Au mois de novembre 1791, il fonda, avec treize autres rédacteurs, Girondins en majeure partie, *la Chronique du mois ou les Cahiers patriotiques.* Collot d'Herbois, à peu près seul, y représentait le parti avancé. Ce fut d'ailleurs vers ce parti qu'Oswald inclina peu à peu. Si l'on peut en croire un de ses biographes, il voulut bientôt que l'on massacrât tous les suspects, afin d'éviter la guerre civile, ce qui aurait fait dire à Thomas Paine : « Il y a si longtemps que vous n'avez pas goûté de viande, que vous avez soif de sang. » Il est probable que les dissensions croissantes des partis le troublèrent vivement ; dans son dernier ouvrage, il y a des allusions « aux soucis constants qui consument son existence ». Sans doute sa situation d'étranger et d'ami des Girondins lui créa des difficultés ; ce fut peut-être pour en sortir, qu'il se résolut à servir la République d'une autre manière, en consacrant ses talents militaires à son service.

Peut-être est-ce lui qui, dans les *Étrennes aux Parisiens patriotes* que Bretelle et Allets publièrent au début de 1790, est désigné sous le nom d' « Ossvald, lieutenant de la compagnie de chasseurs soldés, attachés à la 2ᵉ division, casernée rue de Babylone ». Au mois de mars 1792, il fit placarder au faubourg Saint-Antoine des affiches demandant l'abolition des armées permanentes : le texte en était probablement identique à celui de sa brochure la *Tactique du peuple*, qui parut en même temps. Cette démarche, le souvenir de son ancienne profession, et ses vertus civiques lui valurent l'honneur d'être nommé « commandant du premier bataillon de piquiers au service de la République française (1) ». C'est probablement ce corps qu'il fut chargé de lever et d'organiser pour la guerre de Vendée. Il mit une extrême sévérité à discipliner ses hommes, et compta presque autant d'ennemis que de soldats. Il aurait voulu qu'ils eussent la pique comme arme unique, mais fut obligé d'y renoncer. Il partit pour la Vendée avec ses troupes. Ses exploits

(1) Titre que se donne Oswald en tête de sa brochure *le Gouvernement du peuple*.

guerriers furent brefs. En septembre 1793,
presque au premier feu, il fut tué d'un boulet
aux Ponts-de-Cé. Ses deux fils, qu'il avait fait
venir d'Angleterre pour être tambours auprès
de lui, périrent d'un coup de mitraille presque
au même instant. On dit que ses soldats furent
cause de sa mort. La chose n'est pas impossible :
on sait le misérable état des premiers bataillons parisiens. Telle fut la fin de la carrière
mouvementée de John Oswald (1).

II

Son œuvre littéraire est assez abondante, et
la bibliographie en est fort mal faite. Voici la
liste chronologique de ses ouvrages, autant
qu'il m'a été possible de la dresser :

Review of the english Constitution. Première édition en 1784, d'après le *Dictionary*

---

(1) C'est par erreur que l'article de la *Biographie nouvelle
des contemporains* d'Arnault (1826) le suppose vivant en 1816
et occupé à écrire une histoire de la campagne de 1813 hostile à Napoléon et à la France. Cet article fourmille d'ailleurs
d'inexactitudes.

of national biography; troisième, en 1792. Traduite en français, la même année.

Ranæ melancolizantes, or the comic frogs turned methodist, 1786.

The alarming progress of French politic; a pamphlet on the commercial treaty, 1787.

The British Mercury (journal), 1787.

Euphrosyne, or an ode to beauty (dédiée à Mrs. Crouch, du Théâtre de Drury Lane), 1787.

Poems, 1789 (sous le pseudonyme de Sylvester Otway).

The Cry of nature, on an appeal to mercy and justice in behalf of the persecuted animals, 1791.

The Triumph of freedom, an ode to commemorate the anniversary of the French Revolution, 1791 (précédé d'une adresse à l'Assemblée nationale).

Traduction en anglais de l'*Esprit de la Constitution française* de Collot d'Herbois (1791).

Traduction de l'*Almanach du père Gérard* de Collot d'Herbois (1792).

La Tactique du peuple, ou nouveau principe par lequel le peuple peut facilement combattre par lui-même sans les secours dangereux des troupes réglées..., 1792.

The Government of the people or a sketch of a constitution for the universal commonwealth, first year of the french Republic. Traduit en français, sous ce titre : *le Gouvernement du peuple, ou plan de constitution pour la république universelle*, 1793. C'est tout à fait à tort que le biographe d'Oswald, dans le *Dictionary of national biography*, désigne ce dernier ouvrage comme la traduction française de la *Review of the english Constitution*.

Nous savons de plus qu'Oswald, en 1788, était en train d'écrire l'histoire des Indes Orientales. Sans doute les événements l'empêchèrent d'exécuter son dessein. Son nom est, nous l'avons dit, inscrit parmi les fondateurs de la *Chronique du mois*. Aucun article toutefois ne peut lui être attribué avec certitude, ni même avec vraisemblance. L'attribution qui lui a été faite d'une *Histoire impartiale de la campagne de 1813* est naturellement erronée.

La liste que nous avons dressée des ouvrages d'Oswald, et qui sans doute est incomplète, présente une grande variété. C'est surtout comme poète qu'il est connu. A vrai dire, il ne fut guère qu'un versificateur agréable, doué de sensibilité et de facilité, assez plat d'idée et d'expression. Presque tous ses vers célèbrent un amour sentimental et platonique et manquent singulièrement de relief. Rappelons pourtant que Robert Burns, offrant en 1789 quelques-uns de ses premiers essais au journal *The Star*, s'excusait d'aspirer à écrire dans une feuille « où brille le génie de Sylvester Otway et de tant d'autres favoris des Muses ». Il est probable que la plupart de ses poésies datent du commencement de sa carrière.

Son œuvre en prose vaut mieux. Il y déploya plus de personnalité. Bonneville l'appelle « un jeune écrivain d'un grand talent ». L'épithète est exagérée. Il est certain pourtant qu'il ne manqua ni d'énergie, ni de force, ni de « sensibilité ». Il y eut en Angleterre, vers la fin du xviiie siècle, des hommes, sinon très nombreux, au moins décidés, actifs et bruyants, qui attaquèrent vigoureusement toute l'organisation traditionnelle de la constitution, de la société, et de la religion britannique. Les effroyables abus du landlordisme, les souffrances nées des transformations de l'industrie, de la dépopulation des campagnes, de la croissance de la misère, donnèrent à leurs théories un aspect de plus en plus démocratique et même socialiste. Elles redoublèrent de violence, quand la Révolution française vint donner l'espoir qu'elles pourraient être réalisées. Horne Tooke, Ogilvie (tous deux cités et loués par Oswald), Spence et Godwin, sont des démocrates qui vont parfois jusqu'à la loi agraire ou jusqu'au communisme. C'est dans les rangs de leurs disciples qu'il faut placer Oswald.

Il dénonça successivement les plaies sociales qui lui semblaient les plus cruelles. Dans ses *Comic frogs*, il professa l'athéisme et attaqua vivement la religiosité du temps ; dans *the Cry of nature*, il poussa son amour de la fraternité jusqu'à l'étendre aux animaux ; il prônait les idées des Indiens et des pythagoriciens, rappelait tous les exemples d'intelligence des animaux, s'efforçait de démontrer que, de sa nature, l'homme doit être un herbivore et que le meurtre des animaux l'endurcit et le rend sanguinaire ; il concluait à l'entier respect de nos humbles frères et à l'alimentation uniquement végétale. Dans sa *Tactique du peuple*, il signalait le danger des armées permanentes.

Ses autres ouvrages ont un caractère plus politique et plus économique. Deux d'entre eux ont une importance particulière, *la Revue de la constitution anglaise* et *le Gouvernement du peuple*. On y trouve indiquées les théories les plus intéressantes d'Oswald.

La *Revue de la constitution anglaise* (1) est

(1) La 3e édition dont nous nous servons est de 1792. C'était primitivement la reproduction d'un discours prononcé dans une société particulière de Londres. Mais Oswald augmenta beaucoup et adoucit en même temps son texte primitif. Il semble, d'après ses propres paroles, que la première édition de son ouvrage parut seulement en 1790, et non en 1784 comme le veut l'écrivain de la *National Biography*.

une critique acerbe de tous les vices politiques et sociaux que l'auteur découvrait dans l'Angleterre de son temps. Le régime parlementaire et ses vices y sont attaqués avec une extrême violence. Tout le système électoral, l'irresponsabilité des lois, la noblesse héréditaire, l'organisation des deux chambres, la législation criminelle, la presse des matelots, sont stigmatisés en phrases ardentes. Que penser d'un gouvernement où le véritable peuple n'est nullement représenté? Prétendre que les Lords et les Communes défendent ses intérêts, c'est dire que les loups sont chargés de protéger les moutons. La Révolution française inspire à Oswald un enthousiasme brûlant, et il invite l'Angleterre à suivre l'exemple de la France et à réunir une assemblée nationale chargée de réorganiser la constitution. Mais ce sont les abus de la propriété qui lui suggèrent les maximes les plus véhémentes. Comment prétendre attacher le droit électoral à la « propriété? » Y a-t-il quelque homme sans propriété? Le droit au travail du travailleur n'est-il pas aussi sacré que les richesses du riche ? Oswald maudit ces hommes qui, « ajoutant ferme sur ferme, héritage sur héritage, monopole sur monopole, ont privé leurs frères du droit primitif commun de la nature... Ils ont divisé la terre entre eux comme si elle était le patrimoine de quelques individus. Volées avant de naître de leur part des biens de la nature, des générations naissent et meurent, sans avoir connu la joie et autre chose que leur amer lot de peine et de travail ». Les pauvres sont plus malheureux que les esclavés des Indes. Oswald n'a pas assez de sarcasmes pour Burke prônant les avantages des « grandes masses de propriété », accumulées par l'hérédité ou la rapine. Le régime actuel a bouleversé toute notion de propriété : « La propriété est quelque chose qu'un homme fait sien (*proprium*), en lui communiquant la sueur de son front et l'empreinte de son génie ». Toute autre forme de propriété est abusive ; les monopoleurs (c'est-à-dire les riches), ne sont pas des propriétaires, mais des voleurs. Ce sont « les pauvres qui sont les vrais propriétaires, les

pauvres opprimés, qui communiquent à la matière la sueur de leur front et l'empreinte de
leur génie, sans quoi la matière n'appartient en
particulier à personne, mais en commun à
tous ». Les grands ont dépouillé les petits de
leurs biens, en ont fait des journaliers plus
misérables que les paysans turcs. Les États actuels sont des associations de voleurs, insou-
cieuses de tous les droits de l'humanité. Chacun a droit à la terre, et, aux propriétaires ar-
guant du respect dû à leurs héritages, il faut
répondre : « Mais, quand nos pères vous vendi-
rent ce champ pour une pièce d'argent, vous
vendirent-ils à jamais tous les droits de leurs
enfants ? » — « Voleurs de la postérité ! » (*rob-
bers of posterity*) que ne sommes-nous restés
dans le néant ! Où, si notre naissance ne nous
donne droit à la terre, pourquoi avons-nous
des membres comme vous et des intelligences
comme vous ?

La conclusion d'Oswald est une revision complète de la constitution anglaise et un adoucissement de la condition des pauvres. Qu'on ne

se venge pas des maux passés, mais qu'on châtie quiconque voudrait s'opposer aux réformes nécessaires. Il faut abolir l'hérédité et partager les biens communaux entre les pauvres. Tout ce qui existe devrait être changé ou amélioré, car on peut appliquer à la législation actuelle de l'Angleterre la parole du prophète au roi Nabuchodonosor : « Tu as été pesé dans la balance et tu as été trouvé trop léger. »

Le Gouvernement du peuple a probablement été le dernier ouvrage d'Oswald. Enhardi par les progrès de la Révolution, imprégné davantage des idées de Rousseau et de la théorie de la souveraineté immédiate du peuple, il voulut tracer les règles d'un gouvernement où le peuple pût lui-même et directement exprimer et faire exécuter ses volontés. Prétendre gouverner par des représentants, est, dit-il, une utopie : un peuple ne peut pas plus penser qu'uriner par leur intermédiaire. Cette idée de représentation engendre le despotisme : Moïse et la papauté prétendaient représenter Dieu ; les rois prétendent représenter les peuples :

peu à peu l'ombre a supplanté la réalité. Pour que le peuple soit libre, il faut qu'il se gouverne véritablement lui-même, il faut qu'il y ait à lui un *referendum* perpétuel. Voici comment on pourra y arriver.

Il y aura une assemblée nationale centrale, élue au suffrage universel. Cette assemblée n'aura aucun pouvoir législatif, mais elle sera chargée d'indiquer aux assemblées primaires des « voisinages » (cantons) les sujets sur lesquels il lui paraîtra important de prendre des décisions. Dans toutes les assemblées primaires, le même jour, il sera donc délibéré sur ce même sujet. Puis, la discussion étant jugée suffisante, elle sera déclarée close. Il s'agit maintenant de prendre la décision. Cette décision ne sera pas prise dans les assemblées primaires. C'est là une opération « intellectuelle », qui doit être faite par l'ensemble de la nation. Dans chaque groupe de cantons, ou district, il y aura ce même jour une assemblée tenue au champ de mars. Et l'assemblée nationale transmettra à toutes ces assemblées de district les questions délibérées dans les assemblées primaires. Un grognement d'approbation ou de désapprobation manifestera l'opinion du district. Tous les districts transmettront au conseil exécutif central le résultat de leurs grognements, et enverront des députations armées dans la capitale. Les députations se réuniront au champ de mars de la nation et jureront de maintenir la volonté du peuple. Alors le décret sera promulgué de la manière suivante : « le souverain ratifie » (quand les neuf dixièmes des districts approuvent le décret proposé) ; « le souverain examine » (quand une majorité inférieure aux neuf dixièmes se prononce pour le décret ; dans ce cas, la matière du décret est remise en délibération) ; « le souverain interdit » (quand le décret est en minorité). Le conseil exécutif transmet la décision prise aux districts, qui la transmettent à leur tour aux assemblées primaires.

Ce sera de même le peuple qui choisira directement dans ces assemblées primaires, « districales » ou nationale tous ses fonctionnaires.

La convention nationale sera composée des députés de toutes les municipalités. Les élections seront souvent renouvelées afin d'empêcher les élus de s'enorgueillir ou d'abuser de leurs fonctions. Quand aux administrateurs dont la charge sera de quelque durée, ils seront fréquemment soumis au jugement du peuple qui décidera si oui ou non ils doivent y être prorogés.

Ce n'est que par ce système ingénieux que le peuple pourra arriver à se gouverner lui-même. Sans doute on peut objecter que ce procédé est long et lent ; que l'accord sera impossible ; que les affaires publiques absorberont tout le temps des citoyens. Oswald répond ou croit répondre à toutes ces objections : il n'y a pas d'autre moyen d'unir les hommes en les rendant libres et en les habituant à la fraternité. Un des premiers sujets à soumettre aux délibérations de la nation sera, « si la terre doit être cultivée en commun ou partagée également entre les individus de la nation ». En terminant sa brochure, l'auteur s'écriait :

« Espérons que, dans les progrès futurs de la Révolution, la sagesse collective des hommes brisera enfin le joug de fer de la propriété et rendra à nos enfants les félicités de l'âge d'or ; l'hérédité commune de la terre ; la communauté de jouissance sans limite. Cette perspective lointaine est la seule chose qui réjouisse mon cœur au milieu de la corruption de la société ; c'est la seule qui verse en mon sein le baume de la consolation, au milieu des soucis constants qui consument mon existence. »

John Oswald n'eut rien d'un grand homme. Il y a quelque exagération à voir en lui « un des généreux précurseurs de l'alliance franco-anglaise ». Ce fut un original sincère, dont les lubies furent parfois prophétiques, et dont la vie et les idées sont assurément dignes d'attention. Je ne puis en terminant que répéter le vœu de voir consacrer une monographie de quelque détail à ce singulier médiateur entre le jacobinisme parisien et celui d'Angleterre.

IX

UN PROJET COMMUNISTE

EN 1795

La constitution de 1795, que beaucoup regardèrent comme réactionnaire et aristocratique, fit de nombreux mécontents. Les plus exaltés entrèrent dans la conspiration de Babeuf, qui fut découverte en mai 1796. Pendant que s'en nouaient les fils, il y avait des esprits plus pacifiques qui, tout en ayant un idéal très voisin de celui des Égaux, répugnaient à l'emploi des moyens violents et en cherchaient la réalisation, non par les armes, mais par la voie légale des pétitions.

J'ai eu la bonne fortune de trouver aux Archives, parmi les papiers du Comité de salut public, un document curieux pour l'histoire du socialisme sous la Révolution (1). Il nous montre comment, à côté du collectivisme violent de Babeuf, continuait de fleurir, chez certains esprits rêveurs et peu pratiques, le communisme sentimental des philosophes du xviiie siècle.

Avant d'en donner l'analyse, deux mots sur la date et l'auteur de cette pièce.

La date peut être fixée d'une manière précise au 11 brumaire an IV. En effet, une adresse aux citoyens membres du Comité d'agriculture de la Convention, jointe au projet, porte la date du 11 brumaire, sans mention d'année. Mais, à diverses allusions, il est facile de fixer celle-ci. L'auteur maudit les hommes qui « voulaient réenchaîner le peuple français dans un gouvernement aristocratique » ; il loue la Convention d'avoir brisé les échafauds et arrêté la réaction, et déclare que depuis six ans la nation est à l'école du malheur. Il est hors de

---

(1) Son existence m'a été signalée par mon ami M. Lévy-Schneider, professeur agrégé d'histoire, à qui je suis heureux d'adresser ici tous mes remerciements.

doute que cette constitution aristocratique est celle de l'an III, que l'acte de la Convention auquel il est fait allusion est l'amnistie du 4 brumaire an IV, au moment de sa dissolution, et que les six années, comptées depuis 1789, nous mettent aussi en 1795. Notre document fut donc vraisemblablement écrit dans le courant de 1795 et terminé et envoyé le 2 novembre de la même année (11 brumaire an IV).

L'auteur en est malheureusement plus difficile à déterminer. Il se désigne tantôt sous le nom de « l'Ami de l'homme », tantôt sous celui de « l'Ami de l'humanité », tantôt sous celui de « l'Ami du riche et du pauvre ». Ce ne sont pas des pseudonymes de personnages révolutionnaires connus. Il nous avertit qu'il est un propriétaire foncier assez aisé, et qu'il s'occupe effectivement autant du bonheur des riches que de celui des pauvres. C'est visiblement un homme sensible, imprégné de la lecture des philosophes et de Rousseau. Il voudrait, dit-il, faire de chaque père un Rousseau, de chaque élève un Émile. Il s'élève contre le vil intérêt, il veut que la répartition des fruits de l'industrie soit faite « par une main intéressée à être désintéréssée ». Je croirais volontiers que nous avons affaire à quelque brave homme obscur, naïf, philosophe et généreux, qui crut un jour, dans sa cervelle d'utopiste littéraire, avoir trouvé la solution de la question sociale et pensa qu'il était de son devoir de citoyen d'en faire profiter sa patrie.

Notre document est un manuscrit d'une écriture fine et assez lisible de 14 pages in-4°. On lui a adjoint par une épingle la fiche du rapporteur du Comité d'agriculture de la Convention. Il se compose de quatre fragments d'inégale importance, que nous allons brièvement analyser.

1. Nous avons d'abord l'*Adresse au Comité d'agriculture :* « Le droit individuel de propriété territoriale, déclare notre anonyme, a désolé l'humanité. » C'est lui qui a divisé les hommes. Supprimez-le, il n'y aura plus ni riche, ni pauvre, ni aristocrate, ni royaliste.

Sous un gouvernement familial, les hommes vivront innocents. La tyrannie seule le maintient, et on a juré la liberté. La France est menacée d'une discorde de classes analogue à celle qui a ravagé les colonies, où les propriétaires, les sans-culottes et les nègres sont divisés par des luttes intestines. Une étincelle peut provoquer de grands troubles, dont le dernier résultat sera de restaurer le royalisme : « Écoutez donc la voix du meilleur ami de l'humanité », et accueillez le remède qu'il a « puisé dans son cœur ».

2. Suit une *Adresse* brûlante à la Convention. L'auteur l'invite à arrêter la réaction, à rétablir la concorde : « Qu'il n'y ait plus deux partis en France... pas même dans l'univers entier. » Qu'au lieu de l'erreur qui a désuni les hommes, on leur présente la vérité qui les unira. C'est elle que renferme « ce plan informe, mais dont le principe ressort assez, de la communauté des biens-fonds, communauté d'industrie, gouvernement vraiment paternel, obéissance filiale, le seul, oui, le seul, qui puisse convenir aux

hommes ». S'il est adopté, dans trois ans la table du riche sera aussi belle qu'aujourd'hui, celle du pauvre lui sera pareille, et la paix sera générale.

3. Le *Plan de conciliation* proprement dit expose les remèdes à tous nos maux. Tout homme a le droit et le devoir de songer au bien public. Or la France a un grand besoin de bonnes institutions ; le royalisme pourrait tirer parti d'une guerre civile ; le moment est donc propice pour faire des plans de constitution.

Le point de départ de notre anonyme est dans les idées de Rousseau. L'homme est bon de nature. Ce sont ses instituteurs qui l'ont perverti. Pour le rendre heureux, il faut donc détruire ces institutions artificielles, dont la plus dangereuse est la propriété individuelle, aussi contre nature que la royauté ou la féodalité. Elle « renferme la boîte de Pandore ». Par elle se développent la cupidité, la tyrannie, l'intérêt. Tandis que le champ du riche ne produit que le vingtième de ce qu'il pourrait, les pauvres travaillent sans profit. Elle est l'origine

de toutes les constitutions oppressives qui font
le malheur de beaucoup, sans faire le bonheur
réel, même de quelques-uns. Il faut l'abolir
pour confondre l'intérêt particulier et l'intérêt
général, en sorte que les hommes s'entr'aident
et que la justice et l'harmonie résultent de ce
nouveau régime. On se proposera de réunir les
fruits de l'industrie et de l'agriculture en commun, et de les répartir avec ordre et d'une
manière désintéressée.

Il faut aussi donner une nouvelle constitution. La Convention exposera les avantages et
les inconvénients de la propriété individuelle.
Elle montrera combien le régime actuel nuit
aux dix-neuf vingtièmes de la nation et tire
mal parti des forces naturelles, puisqu'il est
certain que chaque canton de France pourrait
nourrir aisément sa population, ce qui, pratiquement, n'est pas réalisé. Convaincue par cet
exposé, la majorité de la nation acceptera, sans
aucun doute, l'abolition de la propriété privée.
Alors « les législateurs annonceront que, lors-
qu'ils auront organisé et mis en train un gou-

vernement de famille quelconque, ils céderont la place à une nouvelle législation permanente, renouvelée à telle époque », et qui aura les pouvoirs que lui conférera la constitution nouvelle.

« La constitution aura pour base la fraternité, l'égalité et la liberté. »

Elle promulguera la communauté de territoire, la communauté d'industrie, l'indulgence pour le faible, le gouvernement paternel, l'obéissance filiale. Il n'y aura plus de guerres extérieures, on fera cadeau à l'étranger du surplus des denrées. Le territoire sera divisé en communes. Elles seront égales entre elles et auront au moins 400, au plus 1,200 habitants. Les administrateurs auront plus de cinquante ans et moins de soixante-quinze (passé cet âge, ils n'auront plus que voix consultative). Chaque commune aura une quantité de terrain calculée d'après le nombre d'arpents et d'individus que contiendra le canton. L'administration communale réglera en dernier ressort toutes les contestations. Elle aura le pouvoir législatif local, la police et la distribution des travaux. Elle répondra à l'Assemblée nationale de l'exécution des ordres généraux : d'ailleurs celle-ci se recrutera dans l'avenir parmi les administrations locales. A jours fixes, il se tiendra des assemblées où chacun proposera ce qu'il croira utile. On transmettra ces observations à l'administration supérieure par l'intermédiaire des administrations cantonales, « districales » et départementales.

Dans chaque commune on établira la quantité d'ouvriers de tout genre que la Convention jugera nécessaire. Tous les travaux se feront par réquisition d'âge et de sexe. Les individus âgés de plus de cinquante ans ne seront plus réquisitionnés pour les travaux de peine. Les ordres de réquisition seront donnés par l'intermédiaire des chefs de famille, qui répondront de leur exécution. On enseignera l'agriculture aux enfants.

Chaque chef de famille aura au plus tôt un logement confortable, avec un jardin proportionné au chiffre de sa famille, et dont les fruits seront à sa disposition. Toutes les autres denrées seront portées dans des magasins et distribuées par parts égales. Il y aura des édifices et des ateliers communs ; une boulangerie et une boucherie communales ; les bestiaux seront nourris et logés dans l'étable communale. On tâchera qu'il y ait dans chaque commune des imprimerie, bibliothèque, salle des arts, gymnase communs. Il y aura des distributions régulières d'étoffes et de denrées. Sa tâche remplie, chacune s'occupera à ce qu'il lui plaira. La matinée sera consacrée au travail de la terre ; on ne sera réquisitionné l'après-midi qu'en cas d'urgence. Il y aura des maîtres dans tous les métiers ; chacun s'adonnera à celui qu'il voudra.

Que chacun travaille la terre seulement deux ou trois heures par jour, et en deux ans le produit agricole sera doublé, en dix ans décuplé. On n'aura plus besoin de chercher des denrées au loin. « Dans le cas où quelqu'un entendrait assez mal son intérêt particulier pour ne pas acquiescer au contrat proposé, on lui payerait la valeur de sa possession » ; mais tout le monde sera intéressé à l'établissement de ce régime : le propriétaire ne mettra que plus d'ardeur à travailler sa terre, sachant qu'il travaillera, non pour lui seul, mais pour tous ; d'ailleurs chacun gardéra, au début, ses meubles de maison et de corps. Chacun aura intérêt à s'établir dans sa commune sans s'en absenter. Les premiers temps, on réglera les distributions du pain pour éviter les désordres. A quarante-neuf ans, c'est-à-dire un an avant de pouvoir entrer au conseil, chacun, s'il le veut, pourra employer un an à voyager en France, afin d'être à même ensuite de faire profiter la commune de ses observations.

4. Tel est le *Plan de conciliation*. Il est complété par les *Réponses à divers arguments faits par un ami*, où sont réfutées les objections principales qu'il peut provoquer.

Première objection. — Le projet est possible en théorie, mais il est invraisemblable que la majorité en demande l'exécution. Les hommes sont trop loin de la nature. *Réponse :*

Les hommes sont précisément si éloignés de la nature qu'ils éprouvent le besoin de s'en rapprocher. L'auteur, qui est riche, se donne comme exemple et se montre tout disposé à sacrifier son superflu pour réaliser le plan.

Deuxième objection. — Le pauvre l'acceptera, non le riche. *Réponse :* Le riche l'acceptera. Il a été instruit par la mort du roi, son protecteur « espécial », et sera heureux de voir sa tranquillité assurée et la perspective d'une ruine possible écartée. Il goûtera la vie paisible de la campagne, la capitale devant être la seule ville. On lui laissera ses meubles ; il pourra avoir des places dans l'administration. Il aura la considération de tous et une aisance réelle. Les autres ordres seront ravis de cette réforme. En moins de vingt ans, la prospérité deviendra générale. Le travail, n'étant pas excessif, sera agréable ; on le graduera selon l'âge ; des machines pourront encore réduire les deux ou trois heures de travail agricole exigées de chacun. — L'auteur ajoute de nombreux conseils de culture. Chaque canton pourra produire vingt fois plus qu'il ne produit aujourd'hui.

Troisième objection. — Beaucoup d'hommes quitteront leur commune et même la France : d'où un grand affaiblissement pour la nation. *Réponse* : On aura intérêt à rester dans sa commune, car on y sera sous l'administration de sa famille. Ceux qui s'en iront ne seront pas à regretter ; ils sont indignes de jouir du nouveau régime.

Quatrième objection. — L'étranger pourra-t-il visiter sans danger le pays ainsi organisé ? *Réponse* : Oui, quand l'organisation en sera achevée. L'administration supérieure réglera ces visites et correspondra avec l'étranger. Elle veillera à la défense générale, au commerce extérieur, que l'on restreindra à celui des denrées indispensables, maintiendra la paix entre les communes et jugera les contestations, pourvoira à tous les objets d'utilité générale par des réquisitions. Chaque commune tâchera de se suffire et enverra à l'administration générale une note de l'excédent de ses denrées, afin qu'on puisse venir en aide aux moins fortunées. L'administration générale pourvoira à tous les établissements d'utilité générale (forges, mines, voies de communication), au moyen de réquisitions et par l'intermédiaire des administrations communales.

Cinquième objection. — L'administration supérieure et celle de la commune seront très despotiques. *Réponse :* Il est nécessaire que l'autorité soit forte et respectée. La loi en empêchera les abus. Les administrateurs seront renouvelés en totalité ou partiellement chaque année et ne seront rééligibles que deux ans après leur sortie de fonction. Ils ne pourront prononcer d'autre peine que la censure.

En résumé, il faut que tout le monde arrive à sentir la dignité de l'homme et la nécessité d'une union générale. En dehors de ce régime, il y a forcément des esclaves et des maîtres, et point de tranquillité. Avec lui, toute haine disparaîtra, et l'âge d'or sera établi.

Tels sont les innocents désirs de l' « Ami de

l'homme ». Il est malheureusement très évident qu'ils pèchent par le côté pratique, tout en faisant honneur à la générosité de leur auteur. Le rapporteur du Comité d'agriculture, après avoir résumé ce projet en quelques lignes, l'apprécie ainsi : « Bonnes intentions, mais beaux rêves. » On ne peut guère que souscrire à son jugement. Notons cependant, comme un fait remarquable, à quel degré l'auteur voulait pousser l'autonomie communale ; c'est assurément ce que son système offre de plus original.

X

UN SOCIALISTE INATTENDU

LE GÉNÉRAL CAFARELLI DU FALGA

La Révolution française a-t-elle été ou non socialiste ? Cette question souvent posée l'est mal. On ne saurait en effet y répondre par une affirmative ou une négative catégorique. La Révolution a été un grand mouvement religieux et antireligieux, socialiste et individualiste, libéral et autoritaire. Ses manifestations ont été variées et souvent contradictoires.

Ce qu'il vaut mieux se demander, c'est si, oui ou non, la Révolution a apporté des éléments nouveaux à la constitution du socialisme. Quiconque a étudié sur les documents l'histoire des années qui vont de 1789 à 1796 répondra oui sans hésiter. Sans doute, c'est de la Révolution que date, sinon la formation, au moins la vulgarisation des idées actuelles de l'économie orthodoxe sur la propriété : les théories des physiocrates et d'Adam Smith trouvèrent un merveilleux terrain de germination dans les âmes des acquéreurs de biens nationaux et des paysans devenus propriétaires. Il n'empêche qu'initiatrice de cette manière, et de bien d'autres encore, du dogme individualiste de la propriété, la Révolution a puissamment favorisé par ailleurs la formation des idées socialistes.

Elle l'a favorisée et par ses actes et par les théories qui alors furent énoncées sans être mises à exécution.

Évidemment, des mesures telles que la prise de possession par la nation des biens du clergé, la confiscation de ceux des émigrés, l'abolition des droits féodaux, la réforme des lois de succession, l'impôt progressif, les taxes sur les riches, le maximum, etc., ne furent pas décrétées de parti délibéré dans l'intention socialiste de changer les bases de la propriété ; ce furent en général, avant tout, des mesures de salut public, nécessitées par les circonstances, conformes aux habitudes de l'ancien régime, ou du moins presque toujours justifiables par ces habitudes. On prit soin de déclarer à maintes reprises que l'on n'entendait porter atteinte à aucune propriété et que la propriété privée demeurait un droit sacré et inviolable. Il n'en est pas moins certain qu'elle fut violée en mainte et mainte circonstance ; il est encore plus certain que, dans un plus grand nombre de cas, une portion considérable de la nation la regarda comme violée. La Révolution a montré comment une classe d'hommes peut être dépossédée de ce qui, jusque-là, a passé aux yeux de beaucoup pour une propriété légitime, elle a fait intervenir l'État dans la répartition des fortunes, elle a tendu parfois à les niveler, et en bien des lieux les représentants en mission ont fait régner momentanément une espèce de système communiste. Ce sont là des précédents incontestables et importants pour la constitution d'un socialisme pratique.

On ne s'y trompa pas en 1789 et en 1793, et l'on sentit bien que les questions relatives à la propriété étaient en jeu; on ne cessa pas de s'en préoccuper. La philosophie du xviiie siècle les avait fréquemment agitées au point de vue spéculatif. Elles revinrent sur le tapis avec un redoublement d'intensité. Soit pour montrer que la propriété était violée, soit pour montrer qu'elle ne l'était pas, on examina maintes fois son origine, sa légitimité, ses limites, ses conséquences. Les politiques reprirent à leur compte les querelles des philosophes, qui continuèrent elles-mêmes dans les brochures, les romans et les journaux. Beaucoup d'hommes s'exprimèrent sur elle d'une manière socialiste comme avaient fait bien des philosophes du xviiie siècle. L'influence de Rousseau, de Morelly et de Mably fut continuelle. Comme la plupart des orateurs ne concluaient pas à des réformes pratiques immédiates, les partis ne se classèrent pas sur cette question, et l'on trouve des tirades socialistes dans la bouche d'hommes très divers ; il n'est pas besoin d'aller jusqu'à Babeuf et Sylvain Maréchal pour en rencontrer : Saint-Just et Robespierre ne s'en font pas faute ; avant eux Condorcet et Rabaut Etienne ; et avant ceux-ci Mirabeau, Tronchet et bien d'autres. Dans bien des cerveaux généreux et imprégnés d'utopies, cerveaux de philosophes plutôt que d'hommes d'État, à la vue de tout ce qu'il reste à faire pour le bonheur de l'homme, de tout le mal qu'il reste à détruire, des idées de réforme sociale égalitaire et communiste viennent à germer, quelquefois pour demander des réformes précises immédiatement exécutables, plus souvent sous forme de rêveries humanitaires de lointaine réalisation. Il y eut donc un grand nombre d'hommes, très différents entre eux, qui, à des titres divers, méritent de figurer parmi les précurseurs du socialisme. Il faut faire place parmi eux à un personnage jusqu'ici célèbre à d'autres titres et que l'on ne s'attendait pas à trouver en cette compagnie : je veux dire au général Louis-Marie-Joseph-Maximilien Caffarelli du Falga, le héros à la jambe de bois, celui dont les soldats de Bonaparte en Egypte disaient qu'il avait toujours un pied en France. Ce n'est pas la moindre preuve de la forme particulière du socialisme à cette époque de le rencontrer parmi ses adeptes.

D'après tout ce que nous savons de lui, Caffarelli du Falga nous apparaît non seulement comme un brave soldat, mais comme un grand homme de bien. C'était un de ces gentils-hommes, comme on en vit tant au xviiie siècle, qui travaillèrent à être vertueux en obéissant à des idées philosophiques que fortifiait en eux la douceur de leur âme : un homme « sensible » dans la meilleure acception du mot. « Sa pensée dominante à laquelle se rapportaient toutes les autres, dit un de ses biographes, était celle des progrès de la société et du bonheur des hommes (1). » Tout jeune officier, il étudiait avec ardeur Locke, Mably, Rousseau, etc. Plutarque et Montesquieu étaient ses auteurs fa-

____

(1) Degérando, *Vie du général Caffarelli du Falga*, 1801, p. 19.

voris. Il fit mieux que de lire, il mit en pratique les meilleures maximes de ses maîtres. En 1786, à la mort de sa mère, il refusa d'hériter de la moitié de sa fortune qui lui revenait ; il partagea également son bien avec ses huit frères et sœurs, et, ayant pris un congé, il se consacra à leur éducation. Non content de sa propre famille, dit Degérando, il s'en fit une autre des habitants de son village. Il devint leur instituteur et leur prodigua son enseignement, s'intéressant en particulier aux enfants. N'est-ce pas un spectacle bien « xviiie siècle » que ce jeune officier, — il avait trente ans, — se faisant maître d'école ?

Dès le début de la Révolution, il se distingua par la faveur avec laquelle il accueillit les idées nouvelles. Quoique noble, il siégea avec le tiers dans l'assemblée bailliagère de Castelnaudary ; il y proposa même une déclaration des droits et faillit être élu député aux états généraux. Dès que les hostilités s'ouvrirent, il reprit du service, fut destitué après le 10 août, se réengagea comme soldat, fut arrêté comme suspect le 5 brumaire an II, incarcéré à Toulouse dans la prison des Carmélites et remis en liberté dans le mouvement qui suivit le 9 thermidor, après onze mois de prison. Ce fut alors que, rentré au service, il eut sa brillante et courte carrière militaire, qui se termina par sa mort devant Saint-Jean-d'Acre, le 27 avril 1799.

« Le trait dominant de son caractère, dit Degérando, était un désir ardent du bonheur des hommes, une sorte de générosité impatiente qui allait au-devant de tout ce qui était bon et utile et ne pouvait jamais se satisfaire (1). » D'ailleurs, il était, nous l'avons vu, un modéré et un libéral en matière politique. Il consacra presque tous ses loisirs de tout temps à étudier et à écrire des projets de traités. Il paraîtrait qu'il communiqua une partie de ses manuscrits au représentant du peuple, Jean-Bon Saint-André, qui en tira parti. Mais il n'en fit imprimer aucun, pas même celui qui lui tenait le plus à cœur, et dont un

(1) Degérando, *op. cit.*, p. 84.

curieux passage des *Mémoires* d'Arnault nous apprend l'existence (1).

C'était en juin 1798, à bord de l'*Orient*, le vaisseau qui transportait en Egypte Bonaparte, son état-major et son Institut. Tous les jours, pour charmer les longueurs du voyage, s'échangeaient des conversations instructives où le général, surtout auditeur, s'amusait à faire joûter ses savants et ceux de ses généraux qui étaient capables de leur tenir tête ; les autres dormaient ou maugréaient, n'osant s'abstenir de ces réunions, qui étaient de corvée. Lés causeurs les plus brillants étaient Caffarelli et Regnault de Saint-Jean-d'Angély. Un jour, on décida de faire une bonne lecture. Arnault alla chercher un volume de Rousseau et l'ouvrit au fameux passage du *Discours sur l'inégalité :* « Le premier qui, ayant enclos un terrain, s'avisa de dire : ceci est à moi, et trouva des gens assez simples pour le croire, fut le vrai

____

(1) A.-V. Arnault, *Souvenirs d'un sexagénaire*, 1833, t. IV, p. 109 et suiv. ; reproduit dans la *Revue rétrospective*, t. I (1885), p. 115 et suiv.

fondateur de la vie civile. » A peine cette phrase lue, une discussion s'engagea entre Regnault et Caffarelli sur le sens que lui donnait Rousseau. On leva la séance avant qu'elle fût close.

Le lendemain, Arnault rouvrit son livre et recommença : « Le premier qui… » Il n'avait pas achevé que la discussion reprenait et s'engageait sur le fond même de la question abordée par Rousseau. A son contradicteur, Caffarelli faisait cette déclaration : « Je prétends que les lois qui consacrent la propriété consacrent une usurpation, un vol. Je sens toutefois ce qu'il y aurait d'inconvénients, dans l'état où est la société, à supprimer ces lois. Les brigands eux-mêmes règlent par des lois les droits des brigands. Il faut composer avec les vues de son siècle. » Puisqu'on ne peut supprimer la propriété, qu'au moins on la modifie selon la justice, de manière que tous les membres de la société soient appelés sûrement à en jouir.

Comme Regnault demandait le moyen d'y arriver, Caffarelli répondait : « Rien de plus facile. Il suffirait pour cela d'adopter une théorie que j'ai faite. — Comment? vous avez fait une théorie sur cette matière? L'avez-vous ici? — Oui, général. — Eh bien! lisez-nous-la. — Du Falga, qui avait prévu la demande, tira un cahier de sa poche et lut cette théorie, fruit de ses méditations, objet de ses affections, et dont il ne se séparait pas plus que le Camoëns ne se séparait de sa *Lusiade.* » Et il se mit à lire ce qu'Arnault jugea être chez cet honnête homme un rêve bizarre et dangereux. « Tolérant le droit de propriété comme un 'mal irrémédiable, pour l'atténuer, il divisait la société en propriétaires présents et propriétaires futurs, en propriétaires jouissants et en propriétaires exploitants. Fermiers des premiers, ces derniers, d'après sa théorie, feraient valoir pendant vingt ans la terre dont les autres recueilleraient le revenu pendant vingt ans, au bout desquels le fermier, devenu propriétaire, serait obligé de prendre un fermier, qui, au bout de vingt ans, deviendrait propriétaire à la même condition. » Aussi tout le monde participerait à l'avantage de la propriété territoriale, dont on fixerait les limites en étendue. On se remit à discuter avec un redoublement d'énergie sur cette théorie quelque peu bizarre à laquelle Arnault trouve une certaine ressemblance avec celle de Saint-Simon.

Le troisième jour, il voulut reprendre sa lecture : même interruption dès les premiers mots ; il fut impossible de continuer. Enfin, la discussion se termina par une plaisanterie. Arnault déclara à Caffarelli qu'il avait La Fontaine pour précurseur, et il récita au général étonné les vers de *Belphégor* :

> Un intendant ! qu'est-ce que cette chose ?
> Je définis cet être un animal
> Qui, comme on dit, sait pêcher en eau trouble,
> Et, plus le bien de son maître va mal,
> Plus le sien croît, plus son profit redouble,
> Tant qu'aisément lui-même achèterait
> Ce qui de net au seigneur resterait.
> Donc, par raison bien et dûment déduite,
> On pourrait voir chaque chose réduite
> En son état s'il arrivait qu'un jour
> L'autre devînt intendant à son tour.
> Car, regagnant ce qu'il eut étant maître,
> Ils reprendraient tous deux leur premier être.

Cette plaisanterie ferma l'incident. Tout le monde rit, y compris Caffarelli, qui, dit Arnault, mettait à la discussion plus de chaleur que d'humeur. Mais ce débat frappa vivement Arnault, qui, dans une note placée à la fin de son volume, revient encore sur les singulières théories de son compagnon : « Ceci est à moi : ces mots, dès qu'on les prononçait, produisaient sur du Falga l'effet du briquet sur la poudre. » Il en partait pour développer les idées les plus aventurées. Arnault remarque combien d'honnêtes gens partagèrent ces erreurs pendant la Révolution et les propagèrent dans les meilleures intentions ; tel fut, entre autres, dit-il, « ce pauvre Brissot ».

Cette anecdote, dont le fond au moins doit être vrai, présente au point de vue de l'histoire du socialisme un double intérêt. Elle nous montre d'abord à quel point cette discussion de la propriété passionnait les hommes de la fin du XVIII⁰ siècle. Certes, Bonaparte n'eût pas souffert trois jours de débats sur cette matière si elle ne lui eût paru captivante ; d'après Arnault, il semble que ce fut lui-même qui demanda à Caffarelli la lecture de son manuscrit. Il est fâcheux qu'il n'ait pas pris une plus grande part à la conversation ; peut-être, en sa qualité d'admirateur de Rousseau, eût-il émis à ce propos des idées qui eussent fort étonné la postérité dans la bouche du créateur du *Code civil*.

L'autre fait intéressant qui résulte pour nous de ce récit est l'existence, à la fin du xviiie siècle, d'un livre socialiste sur la propriété. Le panégyriste de Caffarelli à l'Institut, Degérando, nous a donné sur lui quelques détails, qui, encore que sommaires, sont de nature à exciter notre curiosité. Ce fut en 1793-1794, pendant son emprisonnement à Toulouse, que Caffarelli commença de s'occuper de cet ouvrage. « Ce qui fixa plus particulièrement du Falga dans sa prison, ce qui sembla pendant quelque temps absorber toutes ses facultés, ce fut son traité sur la propriété dont il jeta alors les bases et qui, dans la suite, l'occupa longtemps encore par les développements qu'il y ajouta, par les corrections qu'il crut devoir y faire d'après les observations de ses amis. Toutes les parties de cet ouvrage était étroitement liées... Du Falga ne voyait que dans le travail seul l'origine de la propriété, et par conséquent il voyait en lui seul aussi le titre qui la consacre. Peut-être n'avait-il pas assez compris que les choses nécessaires de la vie sont souvent aussi un bienfait gratuit de la nature et que les besoins seuls des hommes leur donnaient déjà une espèce de droit sur les objets propres à les satisfaire lors-qu'ils ne sont point encore occupés. Peut-être n'avait-il pas assez médité combien le respect pour la possession actuelle est nécessaire à la garantie de la propriété elle-même et. au maintien de l'ordre social. » Il émettait des idées très nobles et très élevées. Mais sa grande modestie l'empêcha de publier ce travail, « qui pouvait lui assurer un si grand succès (1). »

Tels sont en substance les renseignements que nous fournit Degérando. Ils sont, on le voit,

(1) Degérando, *op. cit.*, p. 47-49.

sommaires et ne suffisent pas à nous donner une idée même résumée des théories de Caffarelli. Ils ne semblent même pas s'accorder tout à fait avec ceux d'Arnault. Dans tous les cas, il est certain que l'œuvre de Caffarelli n'était pas une simple brochure ou un jeu d'esprit. L'honnêteté et la conviction du héros à la jambe de bois nous sont garantes de la bonne foi et de la conscience qu'il mit à son travail, quand même son biographe ne nous dirait pas expressément qu'il le remania à plusieurs reprises. Il serait très désirable d'avoir sur ce traité de plus amples renseignements. Malheureusement, il ne paraît pas que les sources imprimées puissent nous en donner beaucoup d'autres.

A vrai dire, un espoir est permis. Peut-être le manuscrit que Caffarelli emportait avec lui fut-il perdu pendant la campagne ou après sa mort. Mais il est infiniment probable que ce n'était pas le seul exemplaire de son travail. Caffarelli laissa une quantité de manuscrits et de papiers. On pourrait affirmer qu'il dut s'y trouver une copie au moins de cette étude à laquelle il attachait tant d'importance.

Que sont devenus ces papiers ? Ont-ils échoué dans quelque dépôt d'archives, sont-ils demeurés dans les mains de ses descendants? C'est ce que j'ignore jusqu'ici, malgré mes recherches. Je serais très heureux si ces quelques notes pouvaient tomber sous les yeux de personnes mieux instruites au sujet de ces documents ou qui seraient en situation de les publier. Certainement, les vertueuses intentions de l'auteur feraient plus d'honneur à sa mémoire que les idées sociales qu'il devait y soutenir ne le compromettraient aux yeux de la postérité orthodoxe. La valeur morale et intellectuelle de Caffarelli fait de cette œuvre une pièce de première importance pour l'histoire des précurseurs du socialisme.

TABLE DES MATIÈRES

www.ingramcontent.com/pod-product-compliance
Ingram Content Group UK Ltd.
Pitfield, Milton Keynes, MK11 3LW, UK
UKHW021508090726
13657UKWH00001B/111